A caro amigo

com votos de paz

Divaldo Franco
pelo Espírito
Joanna de Ângelis

VIDA FELIZ

Salvador
1ª Edição Especial – 2024

©(1992) Centro Espírita Caminho da Redenção - Salvador, BA.
Site: www.mansaodocaminho.com.br
1. ed. (6ª reimpressão) - Edição Especial - 2024
Tiragem: 10.000 exemplares (milheiros: 19.000)
Coordenação editorial: Lívia Maria Costa Sousa
Revisão: Christiane Barros Lourenço • Luciano de Castilho Urpia • Adriano Mota Ferreira
Programação visual e capa: Cláudio Urpia
Editoração eletrônica: Ailton Bosco • Lívia Maria Costa Sousa

PRODUÇÃO GRÁFICA
LIVRARIA ESPÍRITA ALVORADA EDITORA - LEAL
E-mail: leal@mansaodocaminho.com.br

DISTRIBUIÇÃO: INSTITUTO BENEFICENTE BOA NOVA
Av. Porto Ferreira, 1031, Parque Iracema. CEP: 15.809-020.
Catanduva-SP.
Contatos: (17) 3531-4444 | (17) 99777-7413 (WhatsApp)

Dados Internacionais de Catalogação na Publicação
(CIP) Catalogação na Fonte
BIBLIOTECA JOANNA DE ÂNGELIS

---

F825    FRANCO, Divaldo Pereira.
    Vida feliz. 1ª edição especial/ Pelo Espírito Joanna de Ângelis [psicografado por] Divaldo Pereira Franco. Salvador: LEAL, 2024.
    224 p.
    ISBN: 978-85-8266-165-9
    1. Espiritismo 2. Psicografia 3. Meditações I. Franco, Divaldo II. Título
                                                            CDD:133.93

---

Bibliotecária responsável: Maria Suely de Castro Martins - CRB-5/509

DIREITOS RESERVADOS: todos os direitos de reprodução, cópia, comunicação ao público e exploração econômica desta obra estão reservados, única e exclusivamente, para o Centro Espírita Caminho da Redenção. Proibida a sua reprodução parcial ou total, por qualquer forma, meio ou processo, sem a expressa autorização, nos termos da Lei 9.610/98.

# VIDA FELIZ

*Em Ecbátana, cidade antiga da Pérsia, havia uma Academia onde se reuniam os sábios da época, então chamada* Silenciosa, *porque os seus membros deveriam manter-se calados quanto possível, em meditação, resolvendo os problemas que lhes eram apresentados.*

*Certo dia, em que todos estavam reunidos, apresentou-se um eminente pensador chamado Dr. Zeb, que foi ali propor a sua candidatura a um daqueles lugares disputados.*

*O presidente da entidade atendeu-o em silêncio e, diante dos diversos acadêmicos, escreveu o número mil no quadro de giz, colocando um zero à sua esquerda, fazendo-o entender que este era o seu significado para os presentes.*

*Dr. Zeb, sem qualquer enfado, apagou o zero e o transferiu para o lado direito do número, tornando-o dez vezes maior...*

*Surpreendido, o sábio tomou de uma taça de cristal e repletou-a com água de tal forma que toda gota acrescentada resultava numa gota a exceder e perder-se...*

*O candidato, sem perturbar-se, tirou uma pétala de bela rosa que adornava o recinto e a depôs sobre a água da taça, que se manteve sem nenhuma perturbação, tornando-se mais bela.*

*Diante da excelente resposta, Dr. Zeb foi então admitido como membro do colégio de sábios.*

Considerando o expressivo número de obras portadoras de regras de conduta, de orientação moral e evangélica, mais um pequeno livro poderia parecer um zero ao lado esquerdo do algarismo significativo...

*Tendo em vista, porém, o número de mentes e corações que solicitam diretrizes e auxílio, inspiração e apoio espiritual, animamo-nos a reunir duzentos pequenos temas já muito conhecidos, oferecendo-lhes um tratamento simples e de fácil aplicação, para brindar os nossos leitores, o que então fazemos, rogando as bênçãos de Jesus para todos nós.*

*Esperamos que, na sua singeleza, ele venha a tornar-se a pétala de rosa que o Dr. Zeb colocou sobre a taça repleta de líquido, dando significado, beleza e vida à existência de todo aquele que o ler.*

Joanna de Ângelis
Salvador, 20 de fevereiro de 1988.

# 1

Saúda o teu dia com a oração de reconhecimento.

Tu estás vivo.

Enquanto a vida se expressa, multiplicam-se as oportunidades de crescer e ser feliz.

Cada dia é uma bênção nova que Deus te concede, dando-te prova de amor.

Acompanha a sucessão das horas, cultivando otimismo e bem-estar.

**VIDA FELIZ**

# 2

Considera o trabalho o melhor meio para progredir.

Quem não trabalha entrega-se à paralisia moral e espiritual.

O homem que não se dedica à ação libertadora do trabalho faz-se peso negativo na economia da sociedade.

O trabalho é vida.

# 3

Mergulha a mente, quanto possível, no estudo.

O estudo liberta da ignorância e favorece a criatura com discernimento.

O estudo e o trabalho são as asas que facilitam a evolução do ser.

O conhecimento é mensagem de vida.

Não apenas nos educandários podes estudar.

A própria vida é um livro aberto, que ensina a quem deseja aprender.

VIDA FELIZ

# 4

A paciência é virtude que te auxiliará na conquista dos bens do corpo, da alma e da sociedade.

Ela ensina a técnica de como se deve aguardar, quando não se pode ter imediatamente o que se deseja.

Jamais te irrites.

A paciência te auxiliará a tudo vencer.

Concede ao teu próximo os mesmos direitos e favores que esperas dele receber.

O egoísmo é doença que envenena a alma.

O amigo ao teu lado anela pelos espaços para viver, conforme ocorre contigo.

Lembra-te de não lhe interditar a oportunidade.

O que te está reservado, aprende a repartir.

# 6

Quando estiveres em dúvida, resolve pela atitude menos prejudicial ao próximo e a ti próprio.

Evita arriscar-te e arruinar outras pessoas.

Age em serenidade, certo de que o teu gesto repercutirá nas demais pessoas, de acordo com a emoção e o conteúdo de que se revista.

# 7

Não ambiciones demasiadamente.

*Quem muito abarca, pouco aperta* – afirma o refrão popular.

A ambição desmedida enlouquece, quando já não infelicita antes.

Cuida de lutar pelo necessário, repartindo o que te exceda, certamente, fazendo falta a outros.

**VIDA FELIZ**

# 8

Viva sempre em paz.

Uma consciência tranquila, que não traz remorsos de atos passados, nem teme ações futuras, gera harmonia.

Nada de fora perturba um coração tranquilo, que pulsa ao compasso do dever retamente cumprido.

A paz merece todo o teu esforço para consegui-la.

VIDA FELIZ

Mantém o teu controle emocional em todas as situações.

Sistema nervoso alterado, vida em desalinho.

Se dificuldades ameaçarem o teu equilíbrio, utiliza-te da oração.

A prece é medicamento eficaz para todas as doenças da alma.

# 10

Organiza a tua agenda, a fim de ganhares o tempo com propriedade.

Cada tarefa deve ser exercida no seu respectivo momento.

O tumulto na realização não apenas prejudica a ordem, mas também a sua qualidade.

Um após outro, com calma e continuamente, realiza os teus deveres.

**VIDA FELIZ**

# 11

Torna-te amigo de todas as pessoas.

A amizade é um tesouro do Espírito, que deve ser repartido com as demais criaturas.

Como um sol, irradia-se e felicita quantos a recebem.

Há uma imensa falta de amigos na Terra, gerando conflitos e desconfiança, desequilíbrio e insegurança.

Quando a amizade escasseia na vida, o homem periga em si mesmo.

Sê tu o amigo gentil, mesmo que, por enquanto, experimentes incompreensão e dificuldades.

**VIDA FELIZ**

# 12

Nunca retribuas maldade com vingança ou desforço.

O homem mau se encontra doente e ainda não sabe.

Dá-lhe o remédio que minorará o seu aturdimento, não usando para com ele dos recursos infelizes de que ele se utiliza para contigo.

Se alguém te ofende, o problema é dele.

Quando és tu quem ofende, a questão muda de configuração e o problema passa a ser teu.

O ofensor é sempre o mais infeliz.

Conscientiza-te disso e segue tranquilo.

# 13

Confia sempre na ajuda divina.

Quando te sentires sitiado, sem qualquer possibilidade de liberação, o socorro te chegará de Deus.

Nunca duvides da paternidade celeste.

Deus vela por ti e te ajuda, nem sempre como queres, porém, da melhor forma para a tua real felicidade.

Às vezes, tens a impressão de que o auxílio superior não virá, ou chegará tarde demais.

Passado o momento grave, constatarás que o recebeste alguns minutos antes, caso tenhas perseverado à sua espera.

**VIDA FELIZ**

# 14

Aproveita cada oportunidade para agir de forma elevada.

Há quem espere extraordinários momentos e ocasiões especiais que possivelmente não chegarão.

Não será o que faças que te tornará grande e importante, porém como faças cada coisa que te transformará em valioso.

A árvore gigante se origina em pequena semente.

O cosmo é o resultado de partículas e moléculas invisíveis.

Torna-te grande nas pequeninas coisas, a fim de que não te apequenes nas grandiosas.

**VIDA FELIZ**

# 15

*Somente lobos caem em armadilhas de lobos* – leciona o Evangelho de Jesus.

Desse modo, jamais te permitas o espinho da humilhação ou da desonra, quando agredido ou malsinado.

És o que vives interiormente e não aquilo de que te acusam.

Não te tornarás melhor porque estás elogiado, ou ficarás pior porque combatido.

Permanece, honrado e discreto, sendo tu mesmo, em busca do aprimoramento íntimo.

# 16

Substitui, no teu vocabulário, as más pelas boas palavras.

Expressões chulas e vulgares talvez estejam na moda, porém *envenenam o coração*.

A palavra é instrumento da vida para a comunicação, o entendimento, e não arma de agressão, violência e vulgaridade.

O uso irregular das palavras corrompe a mente e rebaixa o homem.

O verbo expressa a qualidade moral do indivíduo.

Porque há pessoas que falam bem e são más, não é justo que, sendo bom, tu te apresentes mal.

# 17

Mantém os teus pensamentos em ritmo de saúde e otimismo.

A mente é dínamo poderoso.

Conforme pensares, atrairás respostas vibratórias equivalentes.

Quem cultiva doença sempre padece problemas dessa natureza.

Quem preserva a saúde sempre supera as enfermidades.

Pensa corretamente e serás inspirado por Deus a encontrar as soluções melhores.

O pensamento edificante e bom é também uma oração sem palavras, que se faz sempre ouvida.

# 18

A revolta constante gera desequilíbrios na mente, no corpo e na alma.

Não é o corpo que é fraco, mas o Espírito que permanece rebelde.

Controla as tuas energias, não deixando que elas te desconcertem.

A revolta intoxica e expele *venenos* que a todos desagradam.

A pessoa revoltada não inspira amizade, nem sequer compaixão.

Tem calma sempre.

O que agora não se resolva está a caminho da solução.

**VIDA FELIZ**

# 19

Tolera as falhas alheias e não as apresentes no festival de *fofocas*.

Todos erramos.

Sábio é aquele que, no erro, aprende a agir com correção.

Quando vejas alguém caído, dá-lhe a mão, em vez de te comprazeres em censurá-lo.

Ninguém tomba por querer. E, se tal ocorre, nele predomina a ignorância, que é um cruel inimigo do homem.

Ainda assim, o equivocado merece mais socorro do que reprimenda.

**VIDA FELIZ**

# 20

Jamais te comprazas no malfeito.

Concede-te o direito de errar, porém, exige-te o dever de corrigir.

O azedume, a ira, a violência devem ceder-te lugar à alegria, à bondade, à paz.

Reencarnaste para crescer e ser feliz.

Abandona os caminhos da viciação emocional e galga os degraus que te alçarão ao patamar da vitória sobre ti mesmo.

Quem não doma as más inclinações torna-se vítima do desregramento a que elas conduzem.

# 21

O amor é tônico da vida.

Quando se centraliza nos interesses inferiores do sexo e das paixões primitivas, torna-se cárcere e deixa de ser o sentimento elevado, que dignifica – libertando.

Examina os teus sentimentos, na área afetiva, e observa se eles te desarmonizam ou tranquilizam. Através da sua qualidade, detectarás se amas ou apenas desejas.

O verdadeiro amor supera o egoísmo e trabalha sempre em favor da pessoa querida.

Ama, portanto, sem escravizar aquele a quem te devotas, não te deixando escravizar também.

## VIDA FELIZ

# 22

A presença do ciúme no teu comportamento é sinal de desequilíbrio.

O ciúme jamais será o sal temperando o amor.

Desconfiança e insegurança significam a manifestação do ciúme.

Quando ele se introduz na afetividade, altera a paisagem, dando surgimento a pesadelos e perturbações prejudiciais.

Supera as insinuações ciumentas na tua conduta, amando com tranquilidade e confiando em paz.

Se a pessoa amada não te corresponder à expectativa, segue adiante, porque o prejuízo é dela.

# 23

Evita as contendas, sempre inúteis.

Entre contendores, a razão é sempre de quem não se envolve em discussões infrutíferas.

Nessas lutas verbais e alterações violentas surgem males de difícil reparação.

As palavras que a ira põe na boca do altercador raramente expressam o que ele pensa. Traduzem-lhe o estado de desarmonia e a necessidade de esmagar o antagonista.

Esclarece com calma e argumenta serenamente. Se o outro não leva em consideração os teus conceitos, silencia e entrega-o ao tempo, que a todos nos ensina sem pressa.

VIDA FELIZ

# 24

O repouso é necessário para o corpo e para a mente.

Tem cuidado, porém, a fim de que ele não se te converta em ociosidade, em preguiça.

É justo que ao trabalho suceda o refazimento de energias, através da variação de atividade ou do repouso, do sono.

As muitas horas de descanso, todavia, violentam o caráter moral do homem e desarticulam as fibras e músculos orgânicos destinados ao movimento, à ação.

Repousa, pois, o tempo suficiente, e não em demasia.

**VIDA FELIZ**

# 25

Sempre que interrogado a respeito de alguém, fornece impressões positivas.

Na impossibilidade de fazê-lo, porque a pessoa tenha uma conduta irregular, silencia ou elucida com bondade, evitando piorar-lhe a situação ou torná-la mais divulgada.

Não és fiscal do comportamento alheio, nem podes imaginar se aquele equivocado de ontem não se encontra em processo de recuperação.

Sejam tuas a opinião que edifica e a palavra que ajuda sempre.

**VIDA FELIZ**

# 26

Acalma os anseios de mudanças constantes.

Deus te colocou no melhor lugar para o teu progresso moral e espiritual.

O lar que tens, o trabalho em que te encontras, a cidade onde resides são oportunidades de treinamento para a tua evolução.

*Pedra que rola não cria limo* – afirma o brocardo popular.

Quem sempre está de mudança não amadurece, nem realiza bem coisa alguma.

Cumpre a tarefa onde estejas, e, no momento próprio, após acurada meditação, toma o teu rumo definitivo.

**VIDA FELIZ**

# 27

Não desconsideres o valor e o poder da oração.

O corpo necessita de alimento adequado para manter-se. Assim também o Espírito, que é a fonte de vitalização da matéria.

A prece constitui um *combustível* de alta qualidade para a sua harmonia.

Adquire o hábito de orar, incorpora-o aos outros mecanismos naturais da tua existência e constatarás os benefícios disso decorrentes.

Não te negues o pão da vida, que é a prece sincera e afervorada.

VIDA FELIZ

# 28

Sê gentil com as crianças.

Elas necessitam de oportunidade e de amor para lograrem o triunfo.

Esses cidadãos em formação ignoram as lutas que os aguardam.

Distende-lhes o gesto de simpatia, transmitindo-lhes confiança na humanidade que representas.

Não as atemorizes, nem as maltrates.

Quem visse aquele menino, em Nazaré, no passado, entre outras crianças, brincando descuidadamente, não poderia imaginar que era o construtor da Terra, nosso Modelo e Guia.

# 29

Exercita a gentileza e a gratidão para com todas as pessoas, especialmente os idosos.

A velhice é fase inexorável que alcançarás, caso a morte não te arrebate o corpo antes.

Nesse período difícil, as forças diminuem, os órgãos se debilitam, as lembranças se apagam e a dependência física, emocional e afetiva se faz imperiosa.

Pode parecer cansativa a presença do idoso; ele, porém, é rico da experiência que te pode brindar, mas carente dos recursos que lhe podes oferecer.

**VIDA FELIZ**

# 30

Qualquer vício escraviza e mata.

Não te vincules aos chamados *aperitivos sociais*, que dão margem a lamentáveis processos de alcoolismo, nem adotes a posição de fumante, por parecer-te uma postura distinta e de elegância, mas que conduz às algemas do tabagismo assassino.

Jogo, sexo, gula, anedotário servil, para citar somente alguns, iniciam-se em pequenas doses, para culminar em cárcere moral, quando não em penitenciária comum.

Uma vida sadia torna-se ditosa e prolongada, em benefício daquele que assim a preserva.

VIDA FELIZ

# 31

Torna-te pacificador.

Onde te encontres, estimula a paz e vive em paz.

Os tumultos que aturdem os homens e as lutas que se travam em toda parte poderiam ser evitados, ou pelo menos contornados, se os homens mantivessem o espírito de boa vontade, uns para com os outros.

Uma ofensa silenciada, uma agressão desculpada, um golpe desviado evitam conflitos que ardem em chamas de ódio.

Confia na força da não violência, e a paz enflorescerá o teu e o coração de quantos se acerquem de ti.

VIDA FELIZ

# 32

Difunde a esperança em melhores dias.

Nunca houve tanta necessidade da *verde palma* quanto nestes momentos.

A esperança dá forças aos ideais e coragem às criaturas, que se renovam, mesmo quando tudo parece a ponto de perder-se.

É ela que sustenta o herói e mantém o santo nos propósitos superiores que abraçam.

Preservando-a em ti, nunca desfalecerás, nem te sentirás abandonado, quando as circunstâncias te convidarem ao testemunho e à solidão.

VIDA FELIZ

# 33

Tem piedade dos ingratos. Eles asfixiaram os sentimentos nobres nos vapores da soberba.

A gratidão é o sentimento digno que deve viger no homem que recebe benefícios da vida.

Todos a devemos a alguém ou a muitas pessoas que nos socorreram nos momentos graves da existência.

A ajuda na hora certa é responsável por tudo de bom que te venha a acontecer, impelindo-te ao reconhecimento perene.

Sê grato em todas as situações.

**VIDA FELIZ**

# 34

Preserva a jovialidade na tua conduta.

Um cenho carregado reflete aflição, desgosto, contrariedade.

Podes ser de atitudes retas e comportamento sério, sem que te afixes a máscara contraída do mau humor.

Jovialmente e com alegria esparze bom ânimo, irradiando o bem-estar de que esteja rico o teu coração.

O tesouro de um comportamento jovial tem o preço da felicidade que oferece a todas as pessoas.

VIDA FELIZ

# 35

Reserva algum período do teu tempo ao serviço sem remuneração, à caridade fraternal, à ação em favor da comunidade.

A *hora vazia* é sempre espaço mental perigoso. Oferece-a ao teu próximo, a alguma sociedade ou agremiação que se dedique à benemerência, à construção de vidas.

Pequenas ajudas produzem os milagres das grandes realizações.

Jamais te escuses a esse mister de ajuda desinteressada, não retribuída.

Há muita aflição esperando socorro e compreensão.

**VIDA FELIZ**

# 36

Assume, contigo próprio, o propósito de desincumbir-te bem de todos os teus compromissos com ordem e sem pressa.

Quem valoriza o que faz dá-lhe beleza e sentido, melhor o realizando.

Todo serviço é nobre, por mais insignificante seja considerado ou por mais humilde se apresente.

O Universo e o verme, tão diferentes e antagônicos, são importantes na Criação Divina.

Realiza cada tarefa com respeito e prazerosamente.

# 37

Nunca enganes a ninguém.

A vida é grande cobradora e exímia retribuidora.

O que faças com os outros sempre retornará a ti.

À sementeira sucede a colheita.

Segarás conforme hajas plantado.

Quem engana, ilude, trai, a si próprio prejudica, desrespeitando-se primeiro e fazendo jus depois aos efeitos da sua conduta reprochável.

Sê honesto para contigo e, como consequência, para com teu próximo.

**VIDA FELIZ**

# 38

Usa a verdade com o objetivo de ajudar, jamais como uma arma de agressão ou revide.

A verdade é qual diamante que exige adequado envoltório para manter-se seguro, e, quando atirado para alguém, não o ferir.

A tua talvez não seja a verdade legítima, ou pelo menos não será a completa.

Preserva-a para o momento próprio, no qual possas dignificar e erguer quem caia ou se esteja precipitando em abismos de loucura e ilusão.

# 39

Não te esqueças das pessoas que transitam em situações mais humildes e difíceis do que a tua.

Faze-te amigo delas.

É fácil desejar compartir das alegrias, dos momentos de triunfo, das situações invejáveis que os outros experimentam.

O ideal é ser companheiro de todos.

A situação financeira, o poder, a saúde e a juventude são transitórios.

Converte o teu amor na mais valiosa conquista da tua vida, repartindo-o com todos os indivíduos.

# 40

Enquanto alguém estiver sendo acusado, mantém-te em silêncio.

Os acontecimentos, quando estouram, têm antecedentes que são ignorados pela maioria dos circunstantes.

As coisas nem sempre são conforme se apresentam, mas o são consoante seus valores íntimos.

Não faças coro com as acusações expostas.

O delinquente e o infeliz pecador merecem, quando menos, comiseração e oportunidade de reeducação.

VIDA FELIZ

# 41

Depois que cometas um erro e tenhas consciência dele, começa a reabilitação.

Nada de entregar-te ao desalento ou ao remorso.

Da mesma forma como não deves insistir no propósito inferior, não te podes deixar consumir pelo arrependimento.

Este tem somente a função de conscientizar-te do mal feito.

Perdoa-te, encoraja-te e dá início à tarefa de reequilíbrio pessoal, diminuindo e reparando os prejuízos causados.

**VIDA FELIZ**

# 42

No tumulto que toma conta do mundo e das pessoas, reserva-te alguns momentos de silêncio, que se transformem em quietude interior.

A agitação, a balbúrdia, o falatório, desarmonizam os centros emocionais do equilíbrio.

Cala mais do que fala.

Reflexiona antes de expender a tua opinião.

Ouve a zoada e alija-te do burburinho, preservando-te em paz.

Este comportamento é salutar para todos os momentos da tua vida.

# 43

A tua felicidade é possível.

Crê nesta realidade e trabalha com afinco para consegui-la.

Não a coloques nas coisas, nos lugares, nem nas pessoas, a fim de que não te decepciones.

A felicidade é um estado íntimo, defluente do bem-estar que a vida digna e sem sobressaltos proporciona.

Mesmo que te faltem dinheiro, posição social de relevo e saúde, podes ser feliz vivendo com resignação e confiança em Deus.

**VIDA FELIZ**

Ama-te mais.

Certamente, não nos referimos ao sentimento egoísta, ambicioso, envenenador.

Amar-se é respeitar-se, proporcionando-se as conquistas superiores da vida, os anseios elevados do coração.

Intenta estabelecer um pequeno programa de amor para ti e executa-o.

Mantém acesa a luz do entusiasmo em tuas realizações e, sabendo-te fadado à Grande Luz, deixa que brilhem as tuas aspirações nobres.

Escolhe *a melhor parte* em tudo e supera aquelas nefastas, que prejudicam e envilecem.

# 45

O corpo merece cuidados para ser preservado sadio.

Desprezá-lo, sob qual for o pretexto, é ato de rebeldia contra Deus, que no-lo concede com a finalidade de crescimento íntimo e elevação moral.

Sem o ataviar com exageros ou viver para ele conforme fazem muitas pessoas, resguarda-o e protege-o, amando-o de forma a prolongar-lhe a existência útil.

O corpo é o *jumentinho* que carrega a alma na Terra, conforme ensinava São Francisco de Assis, credor de ternura e afeto.

**VIDA FELIZ**

# 46

Alimenta-te para viver, sem a gulodice que leva o homem a viver para comer.

Morre-se mais de excesso ou alimentação irregular do que pela falta de pão.

O exagero e desperdício de uns respondem pela falta e escassez na mesa de outros.

O alimento é bênção para a existência corporal, mas as complexas misturas e extravagantes apresentações constituem paixão injustificável ou vício pernicioso.

Usa o alimento com sabedoria e frugalidade para viveres por longos anos com saúde ideal.

# 47

Acompanha a marcha dos acontecimentos sem sofreguidão.

A tua ansiedade ou o teu receio não alterarão o curso das horas.

Aguarda o que há de suceder, sem que te imponhas sofrimento desde a véspera.

O que pensas que acontecerá talvez se dê, não, porém, da forma como aguardas, porquanto a vida obedece a um plano de incessantes mudanças e transformações.

Desse modo, espera com harmonia íntima, afastando do teu programa a agitação e o medo.

**VIDA FELIZ**

# 48

Ouve com atenção e cuidado.

Não te apresses em *cortar o assunto*, como se já o tivesses entendido.

Há pessoas que têm dificuldades de expressão e tornam-se difíceis de ser compreendidas.

Após ouvires, se a circunstância permitir, dialoga um pouco com o expositor, a fim de que o tema te fique esclarecido e o aprendas.

Quem ouve bem penetra melhor nos ensinamentos que lhe chegam.

Ouvir é ainda uma arte pouco exercitada.

# 49

Muita gente se compraz na transmissão de comentários infelizes, veiculando ideias e opiniões malsãs, tornando-se estafeta da insensatez.

Permanece discreto diante dos maledicentes e injuriosos, que te testam as resistências, trazendo-te mensagens infames, a fim de levarem a outrem, distorcidas, as tuas palavras.

O silêncio, em tais circunstâncias, é como o algodão que abafa e amortece o ruído do mal em desenvolvimento.

Não são teus amigos aqueles que te trazem o lixo da notícia maldosa.

**VIDA FELIZ**

# 50

Deus dotou-te de força de vontade.

Se te parece fraca, é porque não a tens exercitado.

Toda e qualquer função orgânica ou moral necessita de exercício a fim de atender com rapidez aos comandos mentais.

Treina-a nos pequenos hábitos viciosos, buscando corrigi-los e, lentamente, vai passando para desafios mais expressivos.

Através de uma vontade disciplinada, conseguirás atingir os objetivos máximos da tua atual existência.

Não desistas se, de início, fracassares.

VIDA FELIZ

# 51

Quem guarda rancor coleciona lixo moral e, consequentemente, termina enfermando.

O mal que te façam não deve merecer o teu sacrifício.

Se alguém deseja ver-te infeliz, age de forma contrária, vivendo com alegria.

Se outrem planeja perturbar-te, insiste na posição de harmonia.

Se aquele que se tornou teu adversário trabalha pela tua desdita, continua em paz.

Para quem procura infelicitar os outros, a maior dor é vê-los imperturbáveis.

Sê inteligente, e não te desgastes à toa.

**VIDA FELIZ**

# 52

O perdão real é sempre acompanhado pelo esquecimento do mal recebido.

Se perdoas, porém te referes ao acontecimento, estás vitalizando o erro.

Trabalha a inferioridade pessoal que se fixa na lembrança do sofrimento experimentado e agradece a oportunidade de perdoar.

Como evoluir sem os testes de aprimoramento moral?

O perdão que agora concedes será o teu padrinho amanhã quando necessites da benevolência e da desculpa de outra pessoa.

Perdoar é sempre melhor para quem o faz. Age sempre assim e viverás.

# 53

Os maus pensamentos intoxicam a alma.

Atraem o pessimismo e as presenças doentias dos Espíritos perturbados e maus.

Mantém a tua mente presa às ideias positivas, iluminativas, aos programas de enobrecimento, de cuja conduta te advirão o bem-estar íntimo e a alegria de viver.

O que pensares com insistência, hoje ou mais tarde, se concretizará.

Os fatos se corporificam, de início, no campo mental, para depois se tornarem realidade no corpo físico.

Pensa no bem e banha-te com a luz do amor.

# 54

Sê gentil e bondoso, sem te tornares servil.

A humildade é uma virtude nobre que não convive com as situações vis.

Íntegra, enriquece o homem de valores espirituais que o tornam forte na sua aparente fraqueza e poderoso na sua pobreza.

Sócrates, Cristo e Gandhi são os exemplos máximos de humildade e os expoentes mais belos da evolução.

Abatidos por homicidas loucos, preferiram morrer a ceder, permanecendo imortais na sua grande vitória.

**VIDA FELIZ**

# 55

Não troques a paz da tua consciência de amanhã pelo prazer corruptor de hoje.

O que não é moral jamais proporciona harmonia. Fugidio e devorador, passa rápido, deixando ácido de insatisfação a queimar o corpo e sombra de remorso na consciência magoada.

Permanece sedento, mas não arrependido.

O que não experimentaste não te atormenta, e o que te falta agora mais tarde chegará bem para a tua satisfação.

**VIDA FELIZ**

# 56

As vitórias das questões ilegais são utópicas.

Deixam paladar de amargura.

Injustas, ferem os outros, não podendo beneficiar, realmente, ninguém.

Quem edifica sobre terreno alheio termina por perder a construção.

Nunca será justa a alegria conseguida no rio das lágrimas alheias.

Cuida bem das tuas causas e luta somente quando tiverem o apoio legal e se firmarem nos alicerces da moral.

**VIDA FELIZ**

# 57

Canaliza bem a tua energia, a fim de que se não converta em presunção e violência.

Podes e deves ser enérgico, nunca, porém, agressivo.

É justo que te sintas jubiloso com os teus recursos, todavia, não te tornes jactancioso.

Quando a tentação do revide perturbar-te o discernimento, reage e atua com severidade, entretanto sem exagero.

A força que edifica também derruba.

Os fortes e temperamentais terminam os dias com os nervos em frangalhos e a sós...

**VIDA FELIZ**

# 58

Compadece-te dos fracos.

Dá-lhes mão amiga em qualquer situação.

Além da fragilidade orgânica, são tímidos e dependentes, reconhecendo a deficiência de energias.

Ajuda-os com um sorriso afável de companheirismo, com uma promessa de silencioso apoio, mediante um gesto que lhes dê segurança.

Coloca-te no lugar deles e faze, em seu favor, o que gostarias de receber, estando na sua situação.

# 59

Conserva a coragem na luta, seja qual for a situação.

Há caminhos menos difíceis de ser percorridos, no entanto, todos exigem que se os vençam.

Pensa-se que, pelo fato de estar-se trabalhando pelo bem do próximo, não se enfrentam dificuldades e obstáculos.

É puro engano. Em toda parte e posição a criatura humana é a mesma.

São Vicente de Paulo, que tanto se dedicou aos pobres, afirmava que estes *eram muito exigentes e ingratos*.

Tem, pois, bom ânimo sempre.

# 60

Vez que outra, dedica algum tempo para meditar a respeito da morte.

A morte arrebata os inimigos, os afetos e te chegará num momento qualquer.

Prepara-te todo dia, como se ele fosse o teu último na Terra.

Acostumando-te a pensar na morte, ela não te ferirá quando passe pela tua porta ou conduza alguém que te seja amado.

São Francisco de Assis aguardava-a com a tranquilidade com que *capinava o jardim*.

# 61

A tua posse em relação aos bens terrestres é relativa.

Num mundo transitório, no qual tudo passa, o que agora te pertence amanhã terá mudado de mãos.

Usa, mas não abusa dos recursos de que disponhas.

Não te escravizes ao que deténs por momentos, evitando-te sofrimentos quando se transfiram para outrem.

Os únicos bens de duração permanente são os tesouros dos sentimentos, da cultura e das virtudes.

*Acumula tesouros no Céu*, ensina o Evangelho.

# 62

Tua experiência é um valor que logras através do tempo, vivendo as lições da vida no teu processo de evolução.

Estrada percorrida, caminho conhecido.

Em face de tal conquista, descobres que há uma grande distância entre a teoria e a prática.

Medita mais, antes de agires, tomando decisões tranquilas e alentadoras.

Quando ages por impulso, estás sujeito a erros graves.

Há acontecimentos que sucedem no momento próprio, no entanto, é o homem sábio quem estabelece a hora para as realizações superiores.

# 63

As coisas mais importantes da vida somente são valorizadas depois que passam ou se perdem.

Na maior parte das vezes, as pessoas vivem sob automatismos, sem valorizar estes inestimáveis recursos divinos.

A saúde, o sono, a razão, os fenômenos digestivos, a respiração, os órgãos dos sentidos, os movimentos são tesouros colocados por Deus a teu serviço, e não te dás conta da sua grandiosidade, gastando-os com sofreguidão, para adquirir outros bens que são secundários.

Para a pensar no significado de cada um desses dons e resguarda-os dos fatores que os consomem.

**VIDA FELIZ**

Caminha um pouco ao ar livre.

Tranquilamente, redescobre a Natureza que te abençoa a vida.

Espairece, saindo deste turbilhão em que te encontras e deixando a imaginação voar.

Evita os lugares movimentados para o teu passeio e aspira o oxigênio balsâmico da floresta, da montanha, do mar...

Refaze conceitos, acalma-te e abençoa a vida na forma como se te apresente.

A tua presente existência é rica do que necessitas para ser feliz.

VIDA FELIZ

# 65

*Nem tanto ao mar, nem tanto a terra,* ensina a filosofia popular.

Isto é um convite ao comedimento, a uma posição sem extremismos.

Toda vez que te apaixonas e tomas uma postura exagerada, cometes os mesmos erros que censuras nas outras pessoas.

O meio-termo em matéria de discussão é uma situação ideal.

Não por comodidade ou medo, mas porque desconheces a questão na profundidade que exige.

Um comportamento equilibrado se revela nos momentos em que são tomadas as decisões e assumidas as posturas.

# 66

Sê uma pessoa aberta às ideias, aos conceitos novos.

Discute-os, compara-os com o que sabes e pensas, retirando o melhor proveito das informações que desconheces.

As ideias salutares renovam a emoção, abastecendo os sentimentos com estímulos e entusiasmo.

Ninguém é tão sábio que não necessite aprender mais, nem tão completo que possa dispensar outros contributos para o seu crescimento íntimo.

Aprende mais, estando receptivo a novas contribuições.

**VIDA FELIZ**

# 67

Os ingredientes que excitam a mente, o corpo, a emoção devem ser evitados por ti.

As melodias suaves, na boa música, harmonizam, enquanto outras, programadas para a luxúria e a violência, desassossegam, alterando o ritmo nervoso.

As leituras edificantes instruem e educam da mesma forma que as extravagantes e sensuais corrompem e alteram a escala de valores morais para pior.

As conversações sadias levantam o ânimo, quanto as vulgares relaxam o caráter.

Poupa-te à onda de indignidade que toma conta do mundo e das pessoas.

# 68

Quando desconheceres um assunto, confessa a tua ignorância a seu respeito.

Não tens obrigação de saber tudo, de estar informado sobre todas as coisas.

Questão de apreço é a honestidade de quem reconhece os próprios limites. E mesmo que estejas inteirado da informação que alguém te dá, ouve-a com paciência. Terás ensejo de conferi-la com as notícias que já tens, enriquecendo mais o teu conhecimento ou corrigindo-o.

Uma pessoa que parece muito bem-informada às vezes tem somente um conhecimento superficial, aparentando mais do que sabe.

Quem sabe ouvir lucra sempre.

# 69

Ser pai ou mãe é uma grande responsabilidade.

Cada criatura traz o destino que organizou para si mesma em reencarnações passadas. No entanto, ela nunca deixará de assimilar os exemplos vividos no lar pelos pais.

A primeira escola é, pois, o lar, e este, por sua vez, é o resultado da conduta dos esposos que se devem esforçar para fazê-lo agradável, honrado e rico de paz.

Abençoa o teu filho com as tuas palavras e conduta, fazendo-te amigo dele em todas as situações.

Os filhos, como todos nós, somos de Deus, e tu prestarás conta do empréstimo que te foi concedido para educar.

# 70

Ninguém colhe em seara alheia que não haja semeado, no que diz respeito aos valores morais.

Cada um é herdeiro de si mesmo.

Espírito imortal que é, evolui de etapa em etapa, como aluno em educandário de amor, repetindo a lição quando erra e sendo promovido quando acerta.

Assim, numa existência dá prosseguimento ao que deixou interrompido na outra, corrige o que fez errado ou inicia uma experiência nova.

O que, porém, não realiza por amor, a dor o convocará a executar.

**VIDA FELIZ**

# 71

Estás mergulhado no oceano do amor de Deus.

Jamais te encontras sozinho.

Deus está em ti e em torno de ti.

Descobre-O e deixa-te conduzir por Ele com sabedoria.

És Seu herdeiro, possuidor do Universo.

Permite que o Seu amor te permeie totalmente, comandando a tua vontade e os teus passos, facultando-te crescer com menor ou nenhuma dose de sofrimento.

Em Deus tudo encontras, plenificando-te completamente.

**VIDA FELIZ**

# 72

Abençoa com alegria cada oportunidade evolutiva.

A dor enfrentada com resignação diminui de intensidade, tanto quanto suportada em silêncio passa com mais rapidez.

Nunca te alcançam os sofrimentos que não mereças, assim como não passarás pela Terra, em regime de exceção, sem os enfrentares.

As Leis de Deus são iguais para todos.

Substituindo o amor que escasseia, a dor é a mestra que impulsiona o avanço.

VIDA FELIZ

# 73

As lesões da alma são mais mortificadoras.

As feridas externas são de fácil cicatrização, enquanto aquelas que pululam no íntimo tornam-se de mais demorado curso.

Banha-te nas águas da confiança em Deus, da paciência, da humildade, do perdão e do amor, não permitindo que o ódio, o egoísmo, a revolta e a mágoa te macerem os tecidos da alma.

Muitas enfermidades do corpo procedem do Espírito danificado pelos conflitos da emoção ou pelo ácido das imperfeições morais.

Cuida dos equipamentos internos, resguardando-os da agressão contumaz do vício e da irresponsabilidade.

# 74

O que não possas concluir agora não te seja motivo de agastamento.

Faze o possível em esforço e dedicação, no entanto, evita o aborrecimento que o aparente fracasso produz.

Quando alguma ação ultrapassa a tua capacidade de executá-la, ou a circunstância não te permita fazê-la, cabe-te o dever da serenidade.

Quem faz o que lhe está ao alcance realiza o máximo.

E o que não possas concluir agora, terminarás amanhã, se porfiares fiel ao compromisso.

# 75

Afugenta o melindre da área do teu comportamento pessoal.

Sempre encontrarás pessoas simpáticas como inamistosas pelo caminho por onde segues.

Não vale a pena melindrar-se, remoendo insatisfação.

Toda marcha está sujeita a tropeços e dificuldades, que constituem desafios e emulação para o avanço.

Uma jornada sem problemas torna-se monótona e desmotivadora.

Tu cresces em razão das lutas que enfrentas.

Permanece, pois, de bom humor sempre, mesmo diante das pessoas *congeladoras* ou *agastantes*.

# 76

Dilui a queixa sistemática, que te torna uma pessoa de difícil convivência.

É muito desagradável a companhia de alguém que está sempre a reclamar, vendo defeitos em tudo e desejando que o mundo gire na sua órbita e de conformidade com a sua maneira de ver as coisas.

Não poderás modificar os outros, porém, deves empenhar-te para conseguir a própria transformação para melhor.

Se tudo te desagrada e estás, costumeiramente, reclamando, cuidado, porquanto esta é uma atitude de quem está de mal com a vida e vive mal consigo mesmo.

É necessário que te toleres, aprendendo a ser tolerante com o próximo.

VIDA FELIZ

# 77

No dia de hoje, pelo menos, coloca beleza nos teus olhos, a fim de fitares a vida com lentes mais claras.

Liberta-te das impressões negativas que te acompanharam ao leito, na noite passada, e dispõe-te a encarar o mundo e as pessoas com uma dose de boa vontade.

Notarás que o teu estado íntimo se renovará, e tudo adquirirá vida agradável ao teu redor.

A boa vontade em relação aos outros retorna como simpatia e camaradagem deles em relação a ti.

Enfrenta o dia novo disposto a vencer e conquistando o espaço bom que te está reservado no mundo.

### VIDA FELIZ

# 78

Se uma dificuldade surge impedindo-te a caminhada, não percas tempo. Detém o passo e contorna o obstáculo.

Se algum problema inesperado ameaça o teu equilíbrio, não te aflijas. Silencia a revolta e busca solucioná-lo conforme as tuas possibilidades.

Se alguém, a quem amas, mudou de conduta em relação a ti ou abandonou-te, mantém-te sereno. O rebelde e o desertor, com as suas atitudes intempestivas, já perderam a razão. Permanece em paz.

O que agora percas, conseguirás mais tarde.

Quanto te aconteça, sabendo te portares, será sempre para o teu bem futuro.

# 79

Transforma as tuas horas num rosário de bênçãos.

Aproveitando-as com sabedoria, no trabalho edificante, formarás um patrimônio de felicidade, o qual não podes imaginar.

Desperdiçando-as, não conseguirás recuperá-las.

A hora que passa não retorna, qual a água que corre sob a ponte.

A eternidade é feita de segundos, e o tempo medido pelas horas é a concessão de Deus para te proporcionar bem-estar.

Trabalha sem desânimo e acumula as tuas horas de ação benéfica.

VIDA FELIZ

# 80

Podes fazer mais em favor da Humanidade se te dispuseres a isto.

Distende a mão a alguém caído; dize uma palavra cortês a outrem; sorri para uma pessoa solitária, acenando-lhe fraternidade; presenteia um amigo com uma flor; faze sorrir um triste; enlaça em ternura um desafortunado...

Há moedas de amor que valem mais do que os tesouros bancários, quando endereçadas no momento próprio e com bondade.

Ninguém dispensa um amigo, nem desdenha um gesto socorrista.

Disputa a honra de ser construtor do mundo melhor e de uma sociedade mais ditosa.

# 81

Jesus disse: – *Não se turbe o teu coração* – ensinando que a calma e a confiança em Deus devem ser o lema de toda criatura que deseja encontrar a felicidade.

Nunca faltam motivos para preocupações, inquietando o coração, perturbando a vida.

A existência humana é uma oportunidade de valorização dos bens eternos e de iluminação íntima.

Se colocas as tuas ansiedades em Deus e Lhe confias a tua vida, tudo transcorre normalmente, e, se algo perturbador acontece, a serenidade assume o controle da situação e age com acerto.

Deste modo, não te permitas turbar o coração nem a mente ante as ocorrências malsucedidas.

# 82

Quando assumas um compromisso, honra-o com a tua presença.

Antes de aceitares qualquer incumbência, medita a respeito, a fim de que não te situes numa posição desagradável.

Sucedendo algum impedimento à tua comparência ou desincumbência da tarefa, comunica-o com antecipação, de modo a não prejudicares quem te aguarda ou aquele que confia na tua palavra.

Sejam de pequena monta ou alta responsabilidade, desincumbe-te de todos os deveres que assumires.

VIDA FELIZ

# 83

Não temas os teus acusadores, quando estiverem mentindo contra ti através de calúnias e desejem arrastar-te para as lutas inglórias.

Quando sejas acusado e o fato seja verdadeiro, agradece a Deus a oportunidade de repará-lo em tempo, reabilitando-te para o teu próprio bem-estar.

É sempre melhor recuperar-se do erro enquanto se está com a sua vítima ao alcance.

Toda dívida que se adia fica majorada com a carga dos juros, portanto, mais penosa para ser resgatada.

VIDA FELIZ

# 84

Seleciona as tuas companhias.

Os maus companheiros tornam-se presenças inconvenientes na tua vida e perturbam-te a marcha.

Ninguém é tão independente e pleno que não corra o perigo de contaminar-se com aqueles que estagiam e se comprazem na delinquência ou na insensatez viciosa.

Sê gentil com os maus e estúrdios, porém, não te imiscuas com eles, com seus comportamentos, suas atividades e filosofias de vida.

As enfermidades morais também contagiam os incautos que delas se aproximam.

**VIDA FELIZ**

# 85

Sê ordeiro nas tuas atividades.

Não te apoquentes ante o muito a fazer, nem te descuides em relação às tuas tarefas.

À medida que o tempo te permita, vai realizando cada uma delas até que as concluas todas.

Um homem disciplinado é um tesouro.

Quem sabe desincumbir-se dos serviços monótonos e constantes pode empreender grandes realizações com a certeza do êxito.

Agir com ordem e ter consciência de que a vida é uma ação que não cessa significa um avançado passo no caminho da evolução.

**VIDA FELIZ**

# 86

Insiste na preservação da tua saúde.

Muitas enfermidades têm origem no temperamento desajustado, nas emoções em desalinho, em influências espirituais negativas...

A ansiedade, o medo, o pessimismo, a ira, o ciúme, o ódio são responsáveis por males que ainda não se encontram catalogados, prejudicando a saúde física, emocional e mental.

Esforça-te por permanecer em paz, cultivando os pensamentos bons, que te propiciarão inestimáveis benefícios.

Conforme preferires mentalmente, assim te será a existência.

**VIDA FELIZ**

# 87

O conselho somente terá valor se estiveres disposto a segui-lo.

Quando estejas com dificuldade em qualquer assunto, recorre a uma pessoa mais experiente, mais bem equipada, pedindo-lhe ajuda e orientação. Todavia, não leves a tua própria opinião, tentando prová-la verdadeira.

Ouve com cuidado, reflexiona e, depois, toma a decisão que te pareça mais acertada.

Por outro lado, não faças ouvidos moucos às orientações e conselhos que te deem ou que busques.

*Examina tudo e retém o que é bom*, ensina o apóstolo, em nome do bem.

# 88

Ninguém resolverá os teus problemas se não te dispuseres a enfrentá-los e solucioná-los.

Encontrarás quem te empreste uma soma a fim de resgatares uma dívida. Entretanto, o débito permanece, havendo somente mudança de credor.

O amigo pode tornar-se um cireneu junto a ti, mas a cruz é pessoal, e cada criatura tem o dever de conduzi-la até o seu calvário libertador.

Desta forma, não sobrecarregues os teus afeiçoados com as tuas queixas, reclamações e problemas.

Busca equacionar os teus problemas, um de cada vez, até vencê-los todos.

# 89

Se a tua palavra não tiver o objetivo de auxiliar, não a apresentes para criticar.

Há dois tipos de comportamento: o daqueles que fazem e o daqueloutros que ficam de palanque, apontando erros, criticando, atormentando a vida das pessoas.

Faze quanto te seja possível, sem aguardar aplauso, nem temer pedradas.

Torna-te membro do grupo que opera e fala com o objetivo superior de ser útil.

Se os que dizem saber como se fazem as coisas deixassem de opinar e as executassem, o mundo mudaria de feição.

# 90

Não te isoles no círculo social onde te encontras.

A solidão aconselha mal.

Quem se afasta do convívio familiar, do trabalho, da comunidade, perturba-se.

A fuga do mundo gera distrofia da razão, apresentando uma visão desfocada a respeito das pessoas e das coisas.

Os homens existem para viver em sociedade, ajudando-se reciprocamente e aprendendo uns com os outros.

Na luta diária e na atividade humana, aferem-se os valores que se devem desenvolver e aprimorar.

VIDA FELIZ

# 91

Pensa em termos de Vida eterna.

A morte é somente um veículo para a mudança de domicílio.

Quando os tecidos físicos se gastam ou se rompem violentamente, libertam o Espírito eterno, que retorna à Pátria espiritual.

Tudo se transforma.

O corpo se altera e decompõe, indo vitalizar outras expressões materiais.

Já o ser espiritual, que nele habita transitoriamente, deixa-o para assumir a sua realidade estrutural.

Vive, portanto, considerando que a morte pode alcançar-te em qualquer momento, devendo te preparares desde já para a viagem inevitável.

**VIDA FELIZ**

# 92

Não coloques as tuas aspirações nos entretenimentos, viagens, festas e folguedos...

Caso te surjam as oportunidades para gozá-los, muito bem, aproveita e constatarás que estes prazeres passam como outras satisfações quaisquer, deixando-te ansioso por novas ocasiões de fruí-los e, assim, incessantemente.

Há quem sacrifique o futuro, utilizando-se de empréstimos e prestações com juros extorsivos para viver estas ilusões, que retornam como pesadelos no momento dos resgates das dívidas.

Busca os prazeres simples e duradouros, aqueles que não te perturbam o presente nem te escravizam no futuro.

**VIDA FELIZ**

# 93

Cuida-te para que o pessimismo e a revolta não se agasalhem nos teus sentimentos, anestesiando ou exacerbando os teus nervos.

Reconsidera atitudes e ocorrências desagradáveis, revestindo-te de bom ânimo e prosseguindo imperturbável.

O teu estado de espírito muito contribui para o resultado das tuas aspirações e dos teus atos.

Quando encetas uma tarefa com mau humor ou rebeldia, já perdes a melhor parte da realização.

Em todos os teus empreendimentos coloca o sol da esperança com o calor do otimismo, e o êxito te será inevitável.

# 94

*Não só de pão vive o homem* – disse Jesus –, *mas também da palavra de Deus.*

A preocupação com o alimento diário e o vestuário, o domicílio e a convivência social não deve anular o interesse pela Vida espiritual.

Reserva, diariamente, algum tempo para te alimentares com a *palavra de Deus.*

O pão sustenta o corpo, e a fé mantém a alma.

O pão fortalece a matéria, e a fé dignifica a vida.

O pão mata a fome por pouco tempo, mas a fé atende a necessidade para sempre.

Cuida do corpo e nutre a alma, a fim de que te sintas completo.

**VIDA FELIZ**

# 95

Refreia os impulsos, que procedem dos instintos desgovernados, e age sob o comando da razão.

É verdade que o sentimento bom deve derreter o *gelo* da lógica racional, no entanto, muitas vezes a frieza da emoção ou a sua loucura agressiva necessitam da vigilância do raciocínio.

Cérebro e coração devem atuar juntos, proporcionando as vantagens do equilíbrio e do comedimento em favor de uma vida sadia.

Ouve com o sentimento e age com a razão, dosando bem a participação de cada um.

# 96

Apresenta-te sempre bem, quanto te seja possível, sem o excesso de esmero, parecendo um manequim, ou descuidado, qual se fosse uma pessoa displicente.

A roupa é feita para o homem, e não este para viver em função daquela.

As modas são caprichos de mercado para granjear recursos, estimulando a insensatez e a imaturidade das pessoas.

O traje asseado que proteja o corpo, embora ultrapassado, é mais importante do que o último figurino em exibição, muitas vezes, ridícula.

Não te atormentes em face da insignificante justificativa de não estares na moda, sempre de passagem.

# 97

A dor que te alcança é tua.

Ninguém a sofrerá por ti.

Os amigos se apiedarão, buscarão auxiliar-te, porém, o espinho estará cravado nas *carnes da tua alma*.

Da mesma forma, a felicidade que te chega é tua.

Haverá riso e satisfação entre aqueles que te amam, todavia, a sensação de júbilo não a podes repartir com ninguém.

Isto posto, no sofrimento, não imponhas amargura àqueles que te cercam, conforme na alegria não podes fazer que eles se sintam ditosos.

VIDA FELIZ

# 98

Exila das províncias da tua vida a maldade.

Rebate o pensamento doentio com o saudável; corta a rede perniciosa das suspeitas injustificáveis com a tesoura da confiança no teu próximo.

É tormentoso viver armado contra os outros, ver primeiro o lado negativo, detectar a imperfeição.

Ninguém há, na Terra, sem defeitos, como não existe uma só pessoa que não possua também virtude, por pior que este indivíduo seja.

Procura o lado bom de todos e te descobrirás bem, renovado e afável.

VIDA FELIZ

# 99

Os violentos terminam por exterminar-se uns contra os outros ou cada qual por si mesmo.

A atitude de paz resolve qualquer situação beligerante, se o amor comandar os contendores.

Toda reação, para cessar, deve ter sustada a causa que a desencadeia.

Se esta é a violência, somente o seu antídoto, a prudência, conseguirá fazê-la passar.

Uma pessoa pacífica acalma outra, as duas alteram o comportamento de um grupo, este pode modificar a comunidade, e assim por diante.

Faze a tua parte, vencendo a violência.

# 100

Não grites.

Nenhuma situação exige a gritaria, que confunde e mais perturba.

Se falares em tom adequado, os barulhentos silenciarão para ouvir-te.

Se desejares competir com eles em altura de voz, ficarás rouco e não serás escutado.

A voz caracteriza o comportamento e a emoção das pessoas.

Não nos referimos às técnicas de prosódia, que têm a sua finalidade, porém à tonalidade natural, audível, sem agressividade.

Já te escutaste num gravador, especialmente quando em desequilíbrio? Faze a experiência.

# 101

Necessitas de serenidade a cada passo. Serenidade para discernir, atuar e viver.

A vida é galopante e muda os seus cenários a cada minuto, exigindo permanente serenidade a fim de não esmagar as pessoas.

Quem se aflija, e tenta seguir a velocidade ciclópica destes dias, arrebenta-se, porque sai de uma para outra situação com muita rapidez, sem mesmo tempo para adaptação na fase anterior.

As notícias chegam e os acontecimentos passam, produzindo imenso desgaste emocional, mental e físico.

Resguarda-te na serenidade, preservando os equipamentos da tua existência, que estão programados para uso adequado e não para o abuso.

# 102

Este teu cansaço contínuo, acompanhado de insatisfação e de mau humor, é um sinal vermelho de perigo em tua vida.

Resulta da maneira irregular de como vens aplicando os teus recursos e energias, sem o competente refazimento.

Não te bastará dormir, dar descanso ao corpo, se permaneceres emocionalmente inquieto, ansioso.

Assim, dá um balanço dos teus atos, medita em profundidade, e perceberás que te está faltando o *pão do espírito*, que nutre e reconforta.

Reorganiza a vida e busca o equilíbrio, enquanto é tempo.

## VIDA FELIZ

# 103

Examina quanto tempo diariamente dedicas à tua vida espiritual.

Trabalhas, veste-te, distrai-te, alimenta-te, dormes e reservas breves minutos ao Espírito encarnado, mediante uma rápida oração, uma pequena leitura, ou ouves uma palestra; às vezes nenhuma destas concessões lhe facultas.

O homem não é apenas corpo/mente. Antes de tudo, é o ser espiritual, que conduz os implementos corpo/mente e exige atendimento espiritual para bem executar as tarefas que lhe dizem respeito.

O corpo necessita de cuidados para viver, mas a alma, também.

VIDA FELIZ

# 104

A inveja é um grande inimigo, que necessitas combater no teu mundo íntimo.

Ela se insinua, cruel, nas telas mentais e desequilibra a emoção.

Torna-se fiscal impiedosa e capataz insensível.

Arma ciladas, vinga-se pelo pensamento, através da palavra e da ação, persegue implacavelmente.

Incontáveis crimes se originam na inveja, fora aqueles que não chegam a consumar-se.

A inveja é inferioridade que tem de ser corrigida e transformada em camaradagem e satisfação.

# 105

Não dês os teus espaços mentais para os pensamentos vulgares.

Preenche todas as brechas com ideias de edificação, da ação do bem, da felicidade própria e alheia.

É na mente que se iniciam os planos de ação.

A mente ociosa cria imagens infelizes que se corporificam com alto poder de destruição, consumindo quem as elabora e atingindo as outras pessoas.

Luta com vontade para que a *hora vazia* não se preencha de lixo mental, tornando-te infeliz ou vulgar.

# 106

A tristeza é mensageira de sofrimento.

Não te prendas a ela, nem te permitas contaminar pelos seus miasmas.

É certo que nem todos os dias são claros e ricos de alegria.

Há ocasiões em que o sofrimento parece dominar os quadros da tua atividade. No entanto, examinadas as dificuldades e sentidas as dores, faze sol íntimo, afugentando a tristeza da tua mente, a fim de que mais facilmente superes os acontecimentos provacionais.

O cultivo da tristeza abre campo a várias enfermidades da mente, da emoção e do corpo.

**VIDA FELIZ**

# 107

Sê cordato sempre.

É melhor perderes algo numa disputa do que te engalfinhares numa luta mais prejudicial, que te trará danos maiores.

Não se trata de ter medo, porém de possuir sabedoria.

O homem pacífico é feliz, e as quinquilharias não o podem perturbar.

O problema é de eleição. Que será melhor: ganhar uma altercação, para não ser ignorante ou bobo, ou *perdê-la*, sendo prudente e sábio?

A cordura sempre vence. O que não logra exteriormente, consegue em paz interna.

VIDA FELIZ

# 108

Sê amigo de quem te busque o apoio, a presença.

As criaturas necessitam tanto de pão quanto de amigos para viver.

Há quem caminhe na multidão, sofrendo a soledade, necessitando de companhia, de amizade.

Nunca permitas que a outra pessoa se afaste da tua presença sem que leve algo bom dos minutos passados contigo.

Tens muito a oferecer. Descobrir tais valores, seja o teu primeiro passo. Pô-los a benefício do próximo, o imediato.

Ninguém está privado dos bens espirituais, que não possa dispor de alguma coisa para oferecer.

VIDA FELIZ

# 109

Não descarregues o teu azedume, conflitos e recalques nos servidores da tua casa, do teu trabalho, da tua esfera social.

Eles já sofreram o suficiente, dispensando a carga de amargura e mal-estar que lhes destinas.

Coloca-te no lugar deles e verás quanto gostarias de receber gentilezas, ter atenuadas as humilhações que passasses, as dores que carpisses...

São teus irmãos carentes.

Se te fazem grosserias e são rudes, educa-os com o silêncio e a bondade.

Eles desconhecem as boas maneiras, necessitando do teu exemplo.

VIDA FELIZ

Concede uma nova oportunidade ao teu desafeto, facilitando-lhe a aproximação.

Mantém-te receptivo.

É possível que ele tenha mudado de opinião, reconhecido o erro, e esteja aguardando o ensejo.

Todos nos enganamos, e desejamos ocasião para nos reabilitarmos.

Se te encerras na mágoa e nada mais queres com ele, a tua é uma postura igual ou mais censurável que a dele.

Não deixes que um capricho do amor-próprio ou do orgulho ferido te roube uma excelente ensancha de ser vencedor em ti mesmo.

# 111

Faze um exame de consciência, quando possas e quantas vezes te seja viável.

Muitas queixas e reclamações desapareceriam se o descontente analisasse melhor o próprio comportamento.

Sempre se vê o problema na outra pessoa e o erro estampado no semblante do outro.

Normalmente, quando alguém te cria dificuldades e embaraços, está reagindo contra a tua conduta, à forma como te expressaste e à maneira como agiste.

Tem a coragem de examinar-te com mais severidade, rememorando atitudes e palavras. Ao descobrires erros, apressa-te em corrigi-los; busca aquele a quem magoaste e recompõe a situação.

Não persevere em erro, seja qual for a justificação.

VIDA FELIZ

# 112

Lê uma pequena página, cada dia, na qual encontres alento e inspiração.

Incorpora este dever aos teus hábitos.

Ela te enriquecerá de júbilo, clareando as nuvens que possam envolver-te nas horas seguintes e arrimando-te ao bem-estar, caso suceda alguma surpresa desagradável.

Todas as pessoas necessitam de um bom conselheiro, e, nessa página, que extrairás do Evangelho, terás a diretriz de segurança e a palavra de sabedoria para qualquer ocorrência.

Se os homens reflexionassem um pouco mais antes de agirem, evitariam males incontáveis.

Já que outros não o fazem, realiza-o tu.

# 113

Nunca percas a esperança.

Haja o que houver, permanece confiando.

Se tudo estiver contra, e o insucesso te ameaçar com o desespero, ainda aí espera a divina ajuda.

Somente nos acontece o que será de melhor para nós.

*A Lei de Deus é de Amor*. E o amor tudo pode, tudo faz.

Quando pensares que o socorro não te chegará em tempo, se continuares esperando, descobrirás, alegre, que ele te alcançou minutos antes do desastre.

Quem se desespera já perdeu parte da luta que irá travar, avançando prejudicado.

VIDA FELIZ

# 114

A juventude do teu corpo é breve.

Utiliza-a para armazenar valores eternos.

O verdor dos anos passa com celeridade, porém, os compromissos firmados se alongam por toda a existência.

Tem cuidado com eles.

Os bons serão sentinelas da tua jornada, abençoando-te as horas, e os maus se transformarão em cobradores impiedosos, perturbando-te a paz.

Coloca sinais de luz pela senda, significando conquistas do terreno percorrido.

Mantém-te jovem em todas as idades, através de uma consciência sem remorso e de uma conduta reta.

# 115

Disciplina a vontade, impedindo-te ser vítima da irresponsabilidade.

Começa tuas atividades de pequena monta, mantendo a ordem e a eficiência em cada realização.

Quando tiveres muitas tarefas a realizar, não percas tempo, escolhendo por qual iniciar. Executa a que esteja mais próxima, passa à seguinte, e, sucessivamente, desincumbe-te de todas.

Enquanto não dês o primeiro passo, não chegarás ao fim do caminho.

A primeira palavra dá início ao discurso.

A disciplina é responsável pelo êxito das elevadas realizações.

# 116

Com certeza não solucionarás todos os problemas do mundo.

Não obstante, podes e deves contribuir para que isto aconteça.

Se não impedes a guerra, tens recursos para evitar as discussões perturbadoras que te alcançam.

Se não consegues alimentar a multidão esfaimada, possuis uma côdea de pão para oferecer a alguém.

Se não dispões de saúde para brindar os enfermos, logra socorrer um padecente.

Se não solucionas os dramas humanos, concorre para acalmar uma pessoa.

Se não tens meios para liderar grupos, acelerando mudanças que se devem operar no mundo, modifica-te, interiormente, enobrecendo-te na ação do bem e da solidariedade.

VIDA FELIZ

# 117

Reserva um breve espaço de tempo entre os teus deveres para a beleza.

Desperta cedo, a fim de acompanhar o nascer do dia, embriagando-te com a pujança da luz.

Caminha por um bosque, silenciosamente, aspirando o ar da Natureza.

Movimenta-te numa praia deserta e reflexiona em torno da grandiosidade do mar.

Contempla uma noite estrelada e faze mudas interrogações.

Contempla uma rosa em pleno desabrochar...

Detém-te ao lado de uma criança inocente...

Conversa com um ancião tranquilo...

Abre-te à beleza que há em tudo e adorna-te com ela.

VIDA FELIZ

# 118

Aceita as pessoas, conforme estas se te apresentam.

Este homem prepotente que te desagrada, está enfermo, e talvez não o saiba.

Esse companheiro recalcitrante é infeliz em si mesmo.

Aquele conhecido exigente sofre dos nervos.

Uns, que parecem orgulhosos, são apenas portadores de conflitos que procuram ocultar.

Outros, que se apresentam indiferentes, experimentam medos terríveis.

A Terra é um grande hospital de almas.

Quem te veja apenas superficialmente não terá como analisar-te com acerto.

Concede a liberdade para que cada um seja conforme é, e não como pretendes que seja.

# 119

Sê sábio, investindo no futuro.

O que ora te acontece resulta do passado que não podes remediar.

Mas aquilo que irá suceder depende do que realizes a partir de hoje.

Enquanto recolhes efeitos de ações passadas, estás atuando para consequências futuras.

Conforme semeares, assim colherás.

A tua fatalidade é o bem. Como atingi-lo será opção tua, mediante ação rápida ou retardada e contramarchas.

Ninguém está fadado ao sofrimento. Este é o resultado da escolha errada.

Investe no amanhã e serás feliz desde hoje.

# 120

Mesmo que não saibas, és exemplo para alguém.

Sempre existem pessoas que estão observando os teus atos, mesmo os equivocados, e se afinam com eles.

Desse modo, és responsável não só pelo que realizes como também pelo que as tuas ideias e atitudes inspirem a outros indivíduos.

Os ditadores e arbitrários, a sós, nada conseguiriam fazer não fossem aqueles que pensavam de igual modo e os apoiavam.

Assim, também, a obra do bem faleceria se não houvesse pessoas que se lhe vinculassem com sacrifício e amor.

Cuida do que fales e realizes, ensejando seguidores que se edifiquem e ajam corretamente.

# 121

Ouve com serenidade sempre que a tal sejas convocado.

Permite que o outro conclua o pensamento, não antecipando conclusões certamente incorretas.

Nem todos sabem expressar-se com rapidez e clareza.

Escuta, portanto, com boa disposição, relevando as colocações e palavras indevidas, assim buscando entender o que ele te deseja expor.

Se te acusa, procura a raiz do mal e extirpa-a. O diálogo deve sempre transcorrer sem azedume, deixando saldo positivo.

Se te esclarece ou ensina, absorve a lição.

Se acusa alguém, diminui a intensidade da objurgatória com expressões de conforto ao ofendido.

VIDA FELIZ

# 122

Em qualquer circunstância, mantém-te tu mesmo.

Não te apresentes superior ao que és, nem te subestimes a ponto de parecer o que não sejas.

Anelando por uma posição melhor, empenha-te para lográ-la.

Descobrindo imperfeições, luta por te aprimorares.

Mente todo aquele que exibe dotes que não possui, quanto o indivíduo que os esconde e nega.

Ser autêntico é forma de adquirir dignidade.

A ascensão é lenta para todos.

Quem hoje triunfa começou a batalha antes.

Quem está combatendo logrará a vitória depois.

VIDA FELIZ

Não te constranjas por seres um Espírito em provação.

Os amigos de hoje atravessaram, oportunamente, o caminho por onde agora seguem os teus pés.

# 123

O teu serviço, aparentemente humilhante, que outras pessoas menosprezam, é o teu tesouro, o ganha-pão que te concede honradez.

Realiza-o consciente da sua importância, desincumbindo-te dele com nobreza.

O diamante que fulgura veio da entranha da terra onde confraternizava com os vermes, e o pão saboroso, que enriquece a mesa, nasceu do trigo que se desenvolveu no charco...

Trabalhar constitui desafio para todos.

Enquanto o homem produz, a marcha do progresso não se interrompe.

Dignifica as tuas atividades, sendo-lhes fiel servidor.

# 124

O despeito responde por muitos males humanos.

*Planta* maligna, *enraíza-se* na inveja doentia.

Inspirando atitudes infelizes, o despeito fomenta perseguições gratuitas, acusações incessantes, informações venenosas.

O despeitado não perdoa o triunfo do próximo.

Sempre descobre o lado infeliz de qualquer questão, o *alfinete perdido no palheiro*.

Sofre sem necessidade, amargura-se constantemente e luta contra os dragões que vê nos outros, quando o problema é somente dele.

Aprende a compartilhar do triunfo do teu irmão e vencerás o despeito.

VIDA FELIZ

# 125

Estuda sempre.

Incorpora às tuas atividades o hábito da boa leitura. Uma página por dia, um trecho nos intervalos do serviço, uma frase para meditação tornam-se o cimento forte da tua construção para o futuro.

O conhecimento é um bem que, por mais seja armazenado, jamais toma qualquer espaço. Pelo contrário, faculta mais ampla facilidade para novas aquisições.

As boas leituras enriquecem a mente, acalmam o coração, estimulam o progresso.

O homem que ignora caminha às escuras.

Lê um pouco de cada vez, porém, faze-o constantemente.

# 126

Um pouco de silêncio interior far-te-á muito bem.

A azáfama desgastante, as preocupações contínuas, os sobressaltos diminuem as resistências morais. Indispensável que te reserves tempo emocional para o teu refazimento, o teu silêncio interior.

Ora, sem palavras, e acalma-te, deixando as ideias fluírem com espontaneidade, recompondo as paisagens emocional e nervosa, a fim de prosseguires na luta.

Nesses instantes, encontra-te contigo mesmo e experimenta o júbilo de te amares, cuidando de ti e renovando-te, a fim de que nenhum mal permaneça contigo.

# 127

Não conduzas o ultraje que alguém te atirou, desmoronando o teu dia.

Certamente, há pessoas que não simpatizam contigo e até te detestam. Mas, isto não é surpresa, porque te ocorre o mesmo em relação a outras.

Este é um problema que os corações pacificados resolvem com facilidade, nunca valorizando ofensas, nem se importando com elas.

Há um grande número de pessoas gradas e afetuosas que te cercam, que não é justo te agastares com aquelas, as que constituem exceção no teu caminho.

Deixa no chão do esquecimento a ofensa que te dirigem e segue na direção do amor que te aguarda.

# 128

Há um sol brilhando dentro de ti. É a presença do Cristo no teu coração.

Não lhe empanes a claridade com as nuvens do mau humor, da revolta, da insatisfação...

A luz que vem do exterior clareia, mas projeta sombra quando enfrenta qualquer obstáculo.

O teu sol interior jamais provoca treva, porque ilumina de dentro para fora em jorros abundantes.

Usando o combustível do amor, tua luz se fará sempre mais poderosa, irradiando-se, abençoada, em todas as direções.

Permite, pois, que brilhe a tua luz em toda parte.

# 129

Ainda é tempo de recompores uma situação infeliz que está ficando para trás.

Enquanto estás no caminho com o outro, há oportunidade para refazer e corrigir.

Se ele não aceita a tua disposição, o problema já não é teu.

Enquanto, porém, não te disponhas ao ato nobre, permaneces em débito.

O mau momento ocorre sempre. A manutenção dele é opcional do capricho humano.

Saneia-te com a disposição superior de não conservar lixo emocional, buscando todo aquele com quem não foste feliz, a fim de retificar a situação.

**VIDA FELIZ**

# 130

A pontualidade, além de um dever, é também uma forma de respeito e homenagem a quem te espera ou depende de ti.

Agindo com cuidado, o tempo jamais te trairá, deixando-te em atraso.

O hábito de chegar em tempo é adquirido da mesma forma que o da irregularidade de horários.

Programa os teus compromissos e desincumbe-te serenamente de todos eles, cada um de sua vez.

Quando não possas comparecer, ou tenhas que te atrasar, dize-o antes, a fim de liberar quem te aguarda.

Deste modo, quando ocorrer um imprevisto e tenhas que chegar tarde, mesmo que não acreditem na tua justificativa, estarás em paz.

# 131

Ante as dificuldades do caminho e as rudes provas da evolução, resguarda-te na prece ungida de confiança em Deus, que te impedirá resvalar no abismo da revolta.

Um pouco de silêncio íntimo e de concentração, a alma em atitude de súplica, aberta à inspiração, eis as condições necessárias para que chegue a apaziguadora resposta divina.

Cria o clima de prece como hábito e estarás em perene comunhão com Deus, fortalecido para os desafios da marcha.

VIDA FELIZ

# 132

São considerados infortúnios as ocorrências naturais do processo da existência humana: perda de pessoas queridas, acidentes com sequelas dolorosas, ruína econômica, falência afetiva, terremotos e outros cataclismos...

Certamente, constituem problemas graves, não, porém, desgraças reais, exceto para quem se deixa revolucionar pelos seus efeitos, destruindo os valores elevados da vida.

Sabendo-se enfrentar esses fenômenos geradores de dissabor, deles se retiram valiosos bens que felicitam.

# 133

A oportunidade de elevação moral que a vida te permite deve ser aproveitada com sabedoria e imediatamente.

A sucessão do tempo é inevitável, e, passada a ocasião, ei-la perdida.

Tempo e vento que passam não retornam jamais.

Assim, utilizares-te proveitosamente de cada ensejo de crescimento íntimo é bênção que liberta.

Permanece vigilante, de modo a aproveitares todas as horas da tua existência carnal.

**VIDA FELIZ**

# 134

Repete a lição equivocada, sem qualquer mágoa.

A aprendizagem dispõe de várias técnicas para fixar o conhecimento. A do *erro e do acerto* constitui a mais comum e normal.

Na área dos acontecimentos morais, o processo ocorre da mesma forma.

Erro de hoje, reparado mediante a repetição da experiência, aprendizagem fixada para sempre.

VIDA FELIZ

# 135

Enquanto disponhas de recursos, cultiva a solidariedade.

És um ser social e necessitas da convivência com o teu próximo, a fim de colimares as metas para as quais renasceste.

A *solidariedade* é um dos instrumentos mais valiosos para o êxito do tentame.

Torna-te útil, sê gentil, esparze a bondade e, em compensação, jamais te encontrarás a sós.

VIDA FELIZ

# 136

Usa da medida de tolerância para com o teu próximo, conforme a esperas receber de alguém em momento próprio.

Ninguém existe, na Terra de hoje, que marche sem equívocos, sem temor, sem tormentos, gerando aflições quando desejava acertar e produzindo sofrimento quando intentava apaziguar, necessitando compreensão e, como efeito, tolerância.

Assim, semeia hoje a tolerância, de forma a colhê-la amanhã.

VIDA FELIZ

# 137

Não obstante o relacionamento afetivo e social que manténs, os testemunhos que te dimensionarão em outra posição fazem-se sempre sem condições de surpresa, colhendo as pessoas a sós.

Os afetos, os amigos, os companheiros, poderão partilhar-te as dores, porém, a tua, será sempre uma cruz pessoal.

Nem poderia ser diferente.

Ao amparo da Justiça Divina, cada homem resgata de acordo com a dívida e cresce conforme a circunstância em que delinquiu.

Equipa-te de paz e fé, preparando-te para a ascensão que se te impõe, inevitável.

**VIDA FELIZ**

# 138

Sê amigo conveniente, sabendo conduzir-te com discrição e nobreza junto àqueles que te elegem a amizade.

A discrição é tesouro pouco preservado nas amizades terrenas, normalmente substituída pela insensatez, pela leviandade.

Todas as pessoas gostam de companhias nobres e discretas, que inspiram confiança, favorecendo a tranquilidade.

Ouve, vê, acompanha e conversa com nobreza, sendo fiel à confiança que em ti depositem.

VIDA FELIZ

# 139

Há quem cultive a verdade, tornando-a arma para agredir os outros.

A verdade, porém, reflete luz mirífica, aclaradora de incógnitas, que jamais fere ou aflige.

É como pão, que deve ser ingerido sem exagero; ou como linfa, que merece ser sorvida na quantidade exata.

À medida que nutre e dessedenta, acalma e felicita, enriquecendo de compreensão e afabilidade aquele que a penetra.

Jamais a apliques com dureza, qual se fosse uma arma para destruir os outros, pois que, assim tornada, perde a finalidade precípua, que é a de libertar.

**VIDA FELIZ**

# 140

Não te canses de amar.

É possível que a resposta do amor não te chegue imediatamente. Talvez te causem surpresa as reações que propicia. É possível que as haja desencorajadoras.

Sucede que, desacostumadas aos sentimentos puros, as pessoas reagem por mecanismos de autodefesa.

Insistindo, porém, conseguirás demonstrar a excelência desse sentimento sem limite e mimetizarás aqueles a quem amas, recebendo de volta a bênção de que se reveste.

Ama, portanto, sempre.

# 141

Dosa com cuidado as tuas emoções.

Uma atitude afetada é sempre desagradável, tanto quanto o retraimento injustificável é responsável por muitas dificuldades no relacionamento social.

A afetação é distúrbio de conduta, e o retraimento é sintoma de insegurança.

Autoanalisa-te com carinho e sinceridade, buscando superar as ansiedades e os temores que respondem pelo teu comportamento.

Atitudes tranquilas são resultado de realização íntima, que somente conseguirás mediante exercícios de prece, paciência e meditação.

Assim, o controle das tuas emoções se fará possível.

**VIDA FELIZ**

# 142

As tuas necessidades reais não exorbitam a área das tuas posses.

Cada criatura nasce e renasce dentro do esquema que lhe faculta as melhores possibilidades para ser feliz.

A inconformação e a rebeldia, porém, normalmente armam o indivíduo com ambição e violência, que geram estados desditosos, mesmo quando ele consegue acumular excessos e quinquilharias a que atribui valores relevantes, exagerados.

Nunca faltariam os recursos para a sobrevivência humana caso não houvesse nos corações o predomínio do egoísmo, da avareza e do desinteresse fraternal.

# 143

Sê amigo da verdade, sem a transformares numa arma de destruição ou de ofensa.

Não é tanto o que se diz que oferece resultados positivos ou desagradáveis, mas a forma como se diz.

Ademais, a tua pode não ser a verdade real, senão um reflexo dela. E, mesmo que o fosse, não estás autorizado a esgrimi-la com finalidades perturbadoras.

Antes de assumires a postura de quem corrige e ensina com a verdade, coloca-te no lugar do outro, aquele a quem te irás dirigir, e a consciência te apontará o rumo a seguir e a melhor maneira de te expressares.

**VIDA FELIZ**

# 144

Guia-te sempre pela decisão que produza menor soma de prejuízos a ti mesmo e ao teu próximo.

Antes de assumires compromissos, reflexiona a respeito dos possíveis resultados e mais facilmente saberás eleger aqueles que te proporcionarão melhores frutos para o futuro.

Sempre que algumas vantagens para ti ofereçam danos para outrem, recusa-as, porquanto ninguém poderá ser feliz erguendo a sua alegria sobre o infortúnio do seu próximo.

Isto equivale a dizer: *Não faças ao outro aquilo que não gostarias que ele te fizesse.*

O que hoje percas a favor de alguém, amanhã receberás sem prejuízo de ninguém.

# 145

Não és um observador distante da vida.

Estás na condição de membro do organismo universal, investido de tarefas e responsabilidades de cujo desempenho por ti resultarão a ordem e o sucesso de muitas coisas.

A postura de quem observa de fora produz enfoques e conclusões equivocados. No entanto, a participação consciente dá medida correta e propicia melhor compreensão dos dados ao alcance.

Considera-te pessoa valiosa no conjunto da Criação, tornando-te, cada dia, mais atuante na Obra do Pai e fazendo-a melhor conhecida e mais considerada.

Tu és herdeiro de Deus, e o Universo, de alguma forma, te pertence.

# 146

A irritabilidade é *espinho* cravado nas *carnes* da emoção, que deve ser extirpado.

Quanto mais permanece, piora o estado de quem o conduz, gerando *infecções* duradouras quão perniciosas.

A pessoa irritável não necessita de motivos para o mau humor, a insatisfação. Gera-os com facilidade, por conduzir-lhes os germes nos sentimentos agressivos e amargurados.

Faz-se intratável e *exala* o morbo que lhe caracteriza a conduta.

Agrada-se, quando desagrada; alegra-se, quando se desforça em quem defronta, mesmo que este nada lhe tenha feito de mal.

É sempre infeliz por prazer.

Vence a irritação ou, do contrário, serás por ela destruído.

# 147

Se algum projeto que elaboraste redundou em fracasso, não te aborreças, nem o abandones por isso.

O aparente fracasso é a forma pela qual a Divindade te ensina a corrigir a maneira de atuar, facultando-te repetir a experiência com mais sabedoria.

Quem se recusa a reencetar o trabalho, porque foi malsucedido antes, não merece desfrutar o êxito dos resultados.

A arte de recomeçar é medida de engrandecimento para quem aspira a mais altos cometimentos.

Ninguém logra respostas felizes, sem as tentativas do insucesso.

A vida é constituída de lições que se repetem até se fixarem corretamente.

VIDA FELIZ

# 148

Todos sofrem enquanto estão no mundo.

A dor é um método eficiente para a renovação, quando falecem os benefícios do amor não vivido.

Diante dessa fatalidade inevitável que o Espírito enfrenta nos mais variados matizes, cumpre-lhe recebê-la com dignidade e confiança.

O que hoje se apresenta atormentante, ameaçador, amanhã se converte em paz.

A doença física ou mental, a aflição econômica ou moral passam, deixando resultados conforme o grau de elevação pessoal, através do qual foram recebidas.

Não te consideres, pois, infeliz, quando sofrendo. Retira os benefícios da injunção expungitiva e segue adiante, encorajado.

VIDA FELIZ

# 149

Deus conhece o teu destino e comanda a tua vida.

O que te ocorre mereces, a fim de conquistares novas marcas na escala da evolução.

Deus é Pai Misericordioso e vela por ti.

Jamais te consideres desprezado, resvalando pela rebeldia e blasfêmia.

O homem deve treinar coragem e resignação, sem cujos valores permanece criança espiritual.

Deus não tem preferências e nos ama a todos.

Deixa-te conduzir pelas ocorrências que não podes mudar e altera com amor aquelas que te irão beneficiar.

Desesperar-te? Nunca!

# 150

Porque as pessoas se te apresentem más e egoístas, ou porque te aflijam e desconsiderem, não planejes o revide.

Há quem ainda se compraz no mal, quem perturba e se ufana disso.

São seres mal saídos do primarismo, adquirindo a luz da razão e a sensibilidade da emoção.

Não é justo que desças e a elas te niveles, sofrendo mais, quando podes ascender e elevá-las, alterando a paisagem moral do mundo para melhor.

Seja tua a ação de engrandecimento e compreensão das falhas e limites do teu próximo.

Jamais te arrependerás, agindo assim.

# 151

Cuidado com as fantasias morais negativas que afetam as áreas do sexo e da emoção que se perverte!

Elas se enraízam nas telas mentais e criam dependências aflitivas que se convertem em tormentos e desequilíbrios.

O que cultives pela imaginação pode tornar-se anjo de auxílio, se nobre, ou fantasma, quando vulgar.

Há condutas morais graves no campo físico, sob o açodar de paixões mentais alucinantes.

Pensa e age com harmonia.

Cultiva as ideias edificantes e te sentirás ditoso.

VIDA FELIZ

# 152

Acalma as ânsias do teu coração.

O que ainda não alcançaste está a caminho.

Não sofras de véspera, entregando-te a estados deprimentes, por ausências que certamente não fazem falta.

A carência pode proporcionar recurso de valorização das pessoas e coisas.

Quem desfruta de benefícios com facilidade subestima o que possui.

Aprenda a conviver com a escassez, a solidão e saberás evitar a embriaguez dos sentidos, a volúpia da luxúria, a exacerbação da posse.

És o que tu realizas, e não o que tens ou com quem te encontras.

# 153

Reserva-te o direito de permanecer indiferente às provocações de qualquer natureza.

Numa época de insensatez como esta, o mal anda em liberdade, seduzindo os incautos.

Aqui, é a ira dos outros que te agride.

Ali, está o sexo sem freio que te sensibiliza.

Acolá, eis a ambição que te desperta o interesse.

Próximo se encontra o vício, enredando vítimas.

Em torno de ti, a diversão perturbadora campeia.

Por toda parte, a vitória do crime e da dissolução dos costumes multiplica os seus tentáculos qual polvo cruel e dominador.

Olha essas *facilidades* como a estrada de espinhos venenosos que a grama verde e agradável esconde no chão, e não te permitas pôr-lhe os pés, evitando-te os acidentes de efeitos danosos.

# 154

Quando assumas resoluções superiores e te poupes a loucura do desequilíbrio, serás visitado por pessoas que te buscarão convencer de que estás equivocado.

Insiste nos teus propósitos sadios, e não lhes dês ouvido.

Ao tombares, são poucas as mãos que tentarão erguer-te.

Nunca falta quem empurre mais o caído no fosso do desespero.

Infelizmente, são ainda escassos os indivíduos que estão dispostos a ajudar desinteressadamente, enquanto se multiplica o número daqueles que se comprazem infelicitando.

Segue adiante no bem, e o Bem te fará um grande bem.

# 155

Aprende com as lições da vida, mas principalmente com as tuas próprias experiências, confiando menos nos *cantos das sereias*, que seduzem arrastando para os abismos.

Se o ébrio deseja liberar-se do alcoolismo, encontra com mais facilidade quem lhe sirva um novo trago em vez de quem lhe dê um pão.

Se o fumante quer abandonar o tabagismo, a ironia dos amigos tenta ridicularizá-lo, insistindo com ele para que continue envenenando-se.

Se o toxicômano faz esforço para deixar a droga, o traficante ameaça-o e chantageia-o.

Se o delinquente de qualquer matiz intenta a reabilitação, enxameiam ao seu lado os que conspiram contra o seu esforço.

Tem, pois, cuidado e mantém-te sadio, física e moralmente.

# 156

Acostuma-te à verdade.

O hábito da *mentira branca,* também chamada inocente ou social, levar-te-á às graves, empurrando-te para o lodaçal da calúnia e da maledicência frequente.

A fagulha produz incêndios semelhantes aos gerados pela labareda crepitante...

Os grandes crimes se originam em pequenos delitos, não alcançados pela Justiça, que ensejam o agravamento do mal.

Usa de severidade moral para contigo, não embarcando nas canoas das conveniências gerais.

Cada pessoa responde por si mesma, e os seus atos ficam gravados na consciência individual.

Sê tu mesmo, em constante progresso moral.

VIDA FELIZ

Sempre que possível, luariza-te com a oração.

Faze espaços mentais e busca as Fontes da Vida, onde haurirás energias puras e paz.

Todos os santos e místicos que alteraram o rumo moral da Humanidade para melhor, no Oriente como no Ocidente, são unânimes em aconselhar a prece como o recurso mais eficaz para preservar-se ou conquistar-se a harmonia íntima.

Jesus mantinha a convivência amiga com os discípulos e o povo, no entanto, reservava momentos para *conversar* com Deus através da oração, exaltando a excelência desses colóquios sublimes.

Sai, portanto, do turbilhão em que te encontras mergulhado e segue no rumo do oásis da prece para te refazeres e te banhares de paz.

# 158

Os negócios escusos dão rendimentos venenosos.

Muitas pessoas justificam-nos e exaltam os lucros deles advindos, informando que são frutos da época e todos devem aproveitar a ocasião.

Como a moral está desgovernada, não te deixes conduzir por ela, antes controla os abusos e os excessos que te cheguem, a fim de corrigires a situação caótica.

O erro nunca deve ser tomado como exemplo.

Numa época de epidemia gripal, o estado normal de saúde não passa a ser este somente porque a maioria das pessoas está infectada.

Vacina-te contra os abusos e permanecerás com a vida em ordem, talvez sem os supérfluos, nunca, porém, com escassez ou falta.

VIDA FELIZ

# 159

Quando o homem se resolve por modificar a conduta moral para melhor, parece defrontar uma conspiração geral contra os seus propósitos de enobrecimento.

Tudo se altera e desgoverna.

As mínimas coisas fazem-se complicadas, e o ritmo dos acontecimentos, por algum tempo, muda para pior.

Esse estado de coisas leva o candidato à reforma íntima a retroceder, a desistir.

É natural, porém, que assim aconteça.

Toda transferência modifica o habitual.

Na área das ações morais a reação é maior, porquanto se penetra nas raízes do mal para extirpá-lo, a fim de dar surgimento a novos e equilibrados costumes.

# 163

Incessantemente, busca a tua identidade real, isto é, descobre-te para o bem de ti mesmo.

Constatarás que não és melhor nem pior do que os outros, mas, sim, o que te faças, isto contará.

Com essa conscientização, perceberás que não tens direito a privilégios nem sofres abandono da Divindade.

Tudo quanto te ocorra, transforma em lição proveitosa para o teu crescimento espiritual, pois que para tal estás na Terra.

Amealha todas as conquistas e converte-as em lições de sabedoria, com que te enriquecerás de bênçãos.

VIDA FELIZ

# 164

Há muitas pessoas preocupadas com o mal que os outros lhes possam fazer.

Transferem para o próximo a responsabilidade de seus insucessos e vivem descobrindo inimigos em toda parte, fugindo a uma autoanálise de indispensável lucidez.

Deambulam por caminhos de maldades e acusações.

Com tal conduta, ferem, prejudicam, perturbam os outros e não se dão conta do mal a que se entregam e movimentam, desassisadas.

O mal que reside em cada indivíduo, este sim, torna-o um homem mau, que, assim, se torna um elemento pernicioso no contexto social.

# 165

Irriga o teu organismo com pensamentos saudáveis.

A ação da mente sobre a emoção, o corpo e toda a aparelhagem fisiológica é incontestável.

Grande número de enfermidades se deve à ociosidade mental, ao desânimo, à revolta, às ideias autodestrutivas.

Canaliza o teu modo de pensar para as questões agradáveis, salutares, otimistas, e viverás sob o seu reflexo, desfrutando do bem-estar que se irradiará a outros, mimetizando e produzindo paz.

**VIDA FELIZ**

# 166

A tua importância está na razão direta do que faças em benefício próprio.

Contigo ou sem ti, a vida prossegue, o mundo continuará a sua marcha.

Não te creias detentor de recursos excepcionais, sem cuja presença os seres pereceriam e a Humanidade sofreria decadência.

Tuas conquistas e perdas fazem a contabilidade dos teus valores reais.

Sê simples e torna-te humilde qual lâmpada diante do Sol e este em confronto com uma galáxia...

**VIDA FELIZ**

# 167

A grandeza de um homem pode ser medida pela sua capacidade de serviço ao próximo, de humildade e de amor.

Os homens grandes chamam a atenção e projetam sombra, mas os grandes homens, onde quer que se encontrem, tornam-se claridade inapagável, apontando rumos libertadores.

Os verdadeiros heróis se ignoram, preocupados que vivem em ajudar mais do que fazer a propaganda dos próprios atos.

Torna-te um deles, no silêncio das tuas realizações e na grandeza da tua pequenez.

VIDA FELIZ

# 168

Sorrateiramente, a intriga se insinua no teu coração, cerrando a porta dos teus sentimentos à serenidade.

Torna-te frio e calculista, impiedoso e armado contra o outro, que talvez não mereça esta reação de tua parte.

O intrigante sempre encontra uma forma de envenenar-te.

Conhecendo o teu temperamento, infiltra-se com suavidade e te alcança, alanceando-te com a informação infame.

Reage à intriga e educa o intrigante, a fim de que ele te deixe em paz e passe a ter paz, ao mudar de atitude mental e moral.

# 169

Vez que outra, acompanha um féretro, a fim de aprofundares reflexão no fenômeno biológico da vida e no da morte.

Diante da ocorrência com os outros, poderás despertar para o que te irá suceder, inevitavelmente.

A eternidade é do Espírito, enquanto a experiência do corpo é transitória e breve.

Por este momento tens a sensação de que tudo está bem e será duradouro. Até quando, porém? E qual a garantia que tens a respeito do prazo que te está concedido?

Assim, vive bem; entretanto, não descartes a possibilidade do teu retorno, o que, aliás, é o mais seguro de todos os acontecimentos.

# 170

Age com calma em todas as circunstâncias.

Há muita gente que está vivendo em clima de desespero e pressa exaustiva.

Atropela e deixa-se atropelar, numa volúpia de alucinação, sem que frua o resultado do que conquista, nem se compraza com aquilo que já amealhou.

A serenidade é irmã da ventura, por propiciar o prazer que abençoa, que transmite satisfação.

Rearmoniza-te, conduzindo o carro das tuas horas com tranquilidade e vivendo com a serena alegria de estar na Terra e poder avançar para Deus, a nossa meta final.

# 175

Silencia o que ouves.

Muitas aflições seriam poupadas às criaturas se se soubesse ouvir e reflexionar.

Infelizmente, muitas pessoas se apressam a passar adiante o que ouvem, alterando-lhe o conteúdo e salientando os pontos delicados ou negativos.

As mensagens truncadas, os assuntos adulterados possuem o *condão miraculoso* de perturbar, gerando conflitos e situações insustentáveis.

Não transmitas informações malsãs.

Escuta com calma, sem apressar conclusão.

Se pretendes comentar a respeito, tem o cuidado de fazê-lo, colocando a situação como se fosse a tua e apresentando-a com benignidade.

# 176

Mantém-te apresentável, de forma simples e higiênica.

Confunde-se muito humildade com imundície, dando-se margem a descuidos lamentáveis.

Da mesma forma se pensa, erradamente, que boa apresentação pessoal é requinte ou moda afetada.

*As vestes de Jesus resplandeciam* – narram as Escrituras, demonstrando a pureza d'Ele e o Seu poder, refletidos no traje modesto que usava.

Nunca enfermou e jamais se apresentou de forma desagradável ou que surpreendesse pelo exotismo.

À semelhança dos amigos, vestia-se com a indumentária da época, porém, emprestava--lhe a Sua irradiação superior.

O teu magnetismo se exteriorizará, acentuando ou diminuindo a tua aparência, que te merece o zelo competente.

# 177

Deixa o outro terminar o assunto, sem interrupção.

Certamente, há um limite para deixá-lo falar. Não obstante, ouvindo-o, te equiparás mais de argumentos para esclarecê-lo.

Se o interrompes, talvez concluas equivocadamente o tema e não consigas entender o que ele te desejou dizer.

Nem todos explicam o que pensam com facilidade, complicando-se, às vezes, ou falando de maneira nebulosa.

Busca penetrar na ideia e dialoga, sem enfado nem exasperação.

Não imponhas os teus pensamentos, nem tentes impedir a apresentação de outras ideias que não as tuas.

# 178

Controla a tua ansiedade.

A ansiedade mal dirigida produz danos orgânicos de variada classe e gera mal-estar onde se apresenta.

Irradia uma onda inquietante e espalha insegurança em volta.

A pessoa ansiosa requer mais atenção, que nem sempre se lhe pode dispensar; está sempre queixosa e acarreta problemas para as demais.

Vê o que ainda não está ocorrendo e precipita-se em situações indesejáveis, para arrepender-se depois.

A calma é o abençoado antídoto da ansiedade, que advém quando desejas esforçar-te para viver em paz e confiança em Deus.

**VIDA FELIZ**

# 179

A cobiça dos bens alheios é um mal que se generaliza.

Lentamente, as pessoas se apresentam insatisfeitas, cobiçando os pertences que não possuem e de que não têm real necessidade.

Se cada um bastar-se com os recursos de que dispõe, a vida se torna mais rica de beleza e de experiências.

Há uma falsa proposta de felicidade muito propalada nestes dias, que chamaremos a *posse mesmista*.

Todo mundo deseja as mesmas coisas que o próximo possui, e a imitação das fantasias e quimeras produzidas pela imaginação passou a ser meta a alcançar-se.

VIDA FELIZ

Quem não consegue o *mesmismo*, considera-se rejeitado, infeliz.

Não cobices nada de ninguém.

Realiza-te em ti mesmo e frui de paz.

VIDA FELIZ

# 180

Irradia a claridade da tua fé através do teu sorriso, das tuas palavras, da tua atitude perante a vida.

O mundo necessita de luz para superar as sombras dominantes.

Distende a tua presença confiante e rica de luminosidade, auxiliando os tímidos e os desanimados, os que caíram e os revoltados.

A luz atrai sempre, enriquecendo de beleza.

Não deixes que se apague essa estrela, porque haja fatores dissolventes e agressões em volta.

Deixa-a brilhar, apontando rumos ditosos para os que anelam por uma oportunidade de realização.

# 181

A máxima lição da vida é o amor.

Sem ele os objetivos a alcançar perdem a finalidade, deixando a criatura à mercê das suas paixões inferiores.

O amor dilui as sombras dos sentimentos negativos, imprimindo o selo da mansidão em todos os atos.

Ama, portanto, tudo e todos.

Exercita-te no amor à Natureza, que esplende em Sol, ar, água, árvore, flores, frutos, animais e homens.

Deixa-te enternecer pelos convites silenciosos que o Pai Criador te faz e espraia as tuas emoções por sobre todas as coisas, dulcificando-te interiormente.

**VIDA FELIZ**

Quanto mais ames, menos serás atingido pelas farpas do mal, pois que a tua compreensão dilatada abrirá os espaços à vida, colhendo somente os efeitos da paz.

# 182

Há uma permanente luta íntima, quando o homem se resolve por abraçar a vida nobre.

Quais dois exércitos em fúria, no campo mental, surgem constantes confrontos.

Os guerreiros habituais – o egoísmo, o orgulho, a violência, a ambição – tentam superar os novos combatentes – o amor ao próximo, a humildade, a pacificação, a renúncia.

O indivíduo sente-se dividido e angustiado.

Nesse terreno áspero brilha, porém, a luz da inspiração superior que lhe aclara a alma e a estimula a insistir nos propósitos elevados.

Investe na batalha da vida os teus esforços nobres e não desistas.

Cada dia de resistência representa uma vitória até o momento da glória total.

VIDA FELIZ

# 183

Desculpa, sinceramente, a ignorância dominante.

Não esperes justificação do outro, o teu ofensor.

Supera os ingredientes indigestos da agressão dele e mantém-te bem, buscando esquecer de fato a ocorrência má.

Quem guarda mágoas intoxica-se com os miasmas que elas exalam.

O agressor está muito desequilibrado e necessita da medicação da bondade para recuperar-se.

Perdeu a lucidez, e por isso agride.

Concede-lhe a oportunidade que ele não te dá.

É sempre mais confortável a posição de quem é generoso.

Melhor que sejas tu o doador, significando que já conseguiste o que ao teu próximo falta.

# 184

No teu local de trabalho descobrirás, talvez, conspiradores contra a tua paz.

O mundo é uma arena ampliada, e as pessoas desprevenidas, em vez de se amarem umas às outras, armam-se umas contra as outras.

Em algumas circunstâncias, tornam-se *feras* inconscientes que apenas reagem, sempre assumindo posturas inadequadas à sua situação de humanidade, buscando tomar o lugar dos outros, derrubar, ver sofrer...

Evita essa competição criminosa, essa disputa desequilibradora, atuando com retidão e consciência.

A tua parte ninguém tomará, nem o teu mérito calúnia alguma ofuscará.

Age, pois, com correção e fica tranquilo.

# 185

Mais dia, menos dia, o sofrimento chegará ao teu coração, pois que ele faz parte dos fenômenos da vida em progresso.

Sem a sua presença, a soberba, o despotismo, a agressividade se fazem insuportáveis.

Porque o homem ainda não entende a voz suave do amor, defronta a aflição que lhe lima as arestas e o persuade à reflexão, ao bem.

Às vezes, o indivíduo reage, blasfema, esperneia e termina por ceder, única maneira de liberar-se.

Desta forma, não te rebeles ante a dor, piorando a tua situação e desgastando-te inutilmente.

A aceitação dinâmica, isto é, a transformação do sofrimento em experiência, realiza o *milagre* do êxito.

VIDA FELIZ

# 186

O lar é o templo da família.

Os filhos são empréstimos divinos para a construção do futuro ditoso.

Todo o tempo possível deve ser aplicado na convivência familiar, através dos diálogos, dos exemplos, tornando-se o método mais eficaz de educação.

Os hábitos adquiridos no lar permanecem por toda a existência e se transferem para além do corpo.

Educar é viver com dignidade, deixando que se impregnem dos conteúdos, com vigor, aqueles que participam da convivência doméstica.

Tudo quanto invistas no lar retornará conforme a aplicação feita.

Faze do teu lar a oficina onde a felicidade habita.

# 187

Nestes dias agitados, a angústia caminha com o homem, disfarçada de medo, de ansiedade, de sentimento de culpa.

Naturalmente, as pressões a que a pessoa está sujeita respondem por tal situação.

A ansiedade pelo prazer exorbitante frustra; os fatores agressivos amedrontam, e a timidez encontra uma forma de levar ao complexo de autopunição.

Afasta da mente esses fantasmas responsáveis por males inumeráveis.

És filho de Deus, por Ele amado, que te protege e abençoa.

Não te afastes das Suas Leis e, se te enganares, em vez de te entregares a conflitos desnecessários, retorna ao caminho do dever, sem receio algum.

# 188

Nunca te omitas ante a tarefa de auxiliar.

Não somente com o dinheiro, a posição social relevante, o poder que se dispõe de recursos para ajudar.

A palavra gentil é geradora de estímulos e valores que logram resultados preciosos.

O verbo tem erguido civilizações, como levado multidões à guerra, à destruição.

Usa a palavra para socorrer, emulando as pessoas caídas a levantar-se, os que dormem a despertar, os errados a corrigir-se, os agressivos a acalmar-se.

Fala com elevação e bondade, tornando-te microfone fiel a serviço do bem.

# 189

A tua vida não termina no túmulo.

Com esta consciência, aprende para a eternidade, reunindo valores que jamais se consumam.

Toda lição que liberta do mal se incorpora à alma, como força de vida indestrutível.

Fosse a morte o fim da vida, e sem sentido seria o Universo.

A criação se esmaeceria e o ser pensante estaria destituído de finalidade.

Tudo, porém, conclama o ser à glória eterna, à continuidade do existir, ao progresso incessante.

Estuda e trabalha sem cessar, com os olhos postos no teu futuro espiritual, vivendo alegre hoje, e pleno sempre.

# 190

Os problemas são desafios para o homem.

Toda pessoa que pensa enfrenta problemas, porquanto a vida no corpo transcorre sob a ação de variadas situações difíceis.

Aprende a conviver com eles, tentando resolvê-los, quanto possível, sozinho. Se não o conseguires, busca a experiência de outrem e luta até solucioná-los no momento próprio.

Não os transfiras para os outros, que também os têm, embora não o demonstrem.

É desrespeito sobrecarregar o próximo com os nossos problemas, sem considerar as aflições que, certamente, lhe pesam sobre a existência.

Um problema hoje solucionado é lição para os que estão por vir.

Aprende a resolvê-los para viver em paz.

# 191

A tua vida possui um alto significado.

Descobrir o sentido da existência e para que te encontras aqui, eis a tua tarefa principal.

Muitos indivíduos, por ignorância, colocam os objetivos que devem alcançar nas questões materiais e, ao consegui-los, ficam entediados, sofrendo frustrações e tão infelizes quanto aqueles que nada lograram.

Se observas a questão espiritual da vida, a necessidade de te iluminares com o Pensamento Divino, toda a tua marcha se realizará segura e frutuosa.

Ninguém pode sentir-se completo se não estiver em constante ligação com Deus, a Fonte Geradora do Bem.

Pensa nisso e segue o rumo da vida permanente.

# 192

Generaliza-se a ideia falsa de que o homem honesto e trabalhador é um idiota.

Assim afirmam diante da prosperidade material da injustiça e do furto, da ignomínia e do suborno, que assumem proporções devastadoras no organismo social.

Não têm, porém, razão aqueles que assim pensam e agem, porquanto a abundância material sem a dignidade perverte os costumes, desorganiza o homem e envilece a alma.

Só a honra prevalece, e o bem subsiste a tudo.

Continua sábio, agindo com elevação.

# 193

Em toda parte a astúcia, a violência e o crime se apresentam vitoriosos. Estes são dias de insensatez e cálculo para o mal.

Certamente há uma avalanche de loucura ameaçadora.

Jamais houve, no entanto, na Terra, tanto amor e tanta bondade!

Veicula-se mais a calamidade do que a renúncia, o escândalo do que o bom senso. Todavia, há inumeráveis pessoas que acreditam e trabalham pelo seu próximo, promovendo a Era da felicidade.

Une-te a esses heróis anônimos do bem e projeta o homem, ajudando-o a ser livre e ditoso.

# 194

Apregoa as vantagens de uma vida sadia, estimulando os companheiros a experimentá-la.

Divulgam-se com entusiasmo as excelências dos prazeres estonteantes, dos gozos desgastantes, dos excessos aniquiladores.

Não se comentam, todavia, com o mesmo ardor, a decadência dos ases e campeões do sexo desalinhado, a alucinação dos que viveram as experiências embriagadoras...

Os vitoriosos, considerados manchetes de jornais e revistas, sucesso de rádio e televisão de ontem, hoje estão no ostracismo e na queda, esquecidos e desprezados, substituídos por novos joguetes do mercado da loucura.

Vive com saúde moral e demonstra aos outros quanto isto é bom.

VIDA FELIZ

212

# 195

Quem aspira por um futuro melhor para a Humanidade deve contribuir para a educação e a vida infantil.

O que se aplique na criança será devolvido com juros.

O investimento do amor retornará em forma de bênçãos salvadoras, e o de abandono volverá como delinquência e desgraça.

Se te faltam recursos mais específicos para auxiliar a criança, oferece-lhe palavras lúcidas, que não corrompem, e exemplos que as estimulem a ser verdadeiros cidadãos mais tarde.

Constrói hoje os teus dias de amanhã.

VIDA FELIZ

# 196

Quando estiveres a ponto de desistir de uma ação edificante, ora e continua até o fim.

Quando te encontrares no momento de cometeres um erro, ora e desiste com tranquilidade.

Quando perceberes que as forças não te auxiliarão no trabalho do bem, ora e reanima-te, chegando ao termo planejado.

Quando fores aliciado para uma situação vexatória, ora e retoma o teu equilíbrio.

Quando te sentires abandonado pela pessoa em quem confias ou a quem amas, ora e tem paciência, permanecendo no teu posto.

Quando, desarvorado, desejes tombar, sem mais estímulo, ora e te serão concedidas as resistências para o triunfo.

Não deixes nunca de orar.

# 197

Reserva momentos para que se refaçam os teus equipamentos mentais.

Da mesma forma que o corpo se desgasta, a mente se cansa e desarmoniza.

A mudança de atividade, o espairecimento, os jogos que distraem, os desportos, a meditação funcionam como recursos valiosos para o reajuste mental.

Dedica algum tempo à tua renovação interior, examinando o que fazes e como torná-lo mais agradável, ensejando-te equilíbrio e menos fadiga.

A mente é espelho que reflete o estado do espírito, merecendo carinho e desvelo, a fim de funcionar bem e com êxito.

# 198

Em qualquer atividade que exerças, considera-te servidor de Deus.

Por mais humilde seja a tua profissão, ela é por demais valiosa no conjunto social em que te encontras.

Cumpre com os teus deveres com alegria e consciente do seu significado, do valor que eles têm e de quanto são importantes para a comunidade.

Ilhas imensas surgem nos mares, construídas por humildes ostras.

Desertos colossais resultam de pequenos grãos de areia que se acumulam.

Oceanos volumosos são nada mais do que gotinhas de água.

A tua parcela no mundo é de grande relevância. Portanto, trabalha com disposição e nobreza.

# 199

Nunca te apoies no pessimismo para deixar de lutar.

O que os outros conseguem através do trabalho, obterás também, se tiveres paciência e perseverança.

Não pretendas iniciar a vida por onde os outros a estão concluindo.

O êxito depende de muitas tentativas que não deram certo.

O fracasso sempre ensina o modo como não se devem fazer as coisas.

Insiste no teu serviço com otimismo e avança com vagar na direção da tua vitória. Cada dia vencido são vinte e quatro horas que ganhaste.

# 200

Agradece a Deus a tua existência.

Louva-O através de uma vivência sadia.

Exalta-Lhe o amor por meio dos deveres retamente cumpridos.

Dignifica-O, sendo-Lhe um servidor devotado e fiel.

Apresenta-O à Humanidade, tornando-te exemplo de amigo e irmão em todas as circunstâncias.

Glorifica-O, trabalhando pelo bem de todos, teus irmãos em humanidade.

Respeita-O, obedecendo às Soberanas Leis, que governam a vida.

Reconhece-O em tudo e todos, mediante uma vida feliz, na tua condição de filho bem-amado.

*Anotações*

*Anotações*

*Anotações*

*Anotações*

*Anotações*